KASHIWA CLASSICS

南京大虐殺否定論 13のウソ

南京事件調査研究会＝編

柏書房

はじめに

日中戦争のはじめの一九三七年一二月に、日本軍は当時の中国の首都南京を占領した。そのとき起こした大残虐事件は、「南京アトロシティーズ」あるいは「ザ・レイプ・オブ・南京」として世界の歴史に刻まれている。

日本では南京大虐殺と呼んでいるこの事件は、近代日本の歴史の中でも、もっとも残酷で凄惨な出来事である。しかしどんなに忌まわしい事実であっても、それを歴史から消し去ることはできない。その事実を見つめて、その原因を探り、そこから教訓を引き出すことが、歴史にたいする正しい態度であろう。

ところが現在の日本には、いやなことはなかったことにしたいのか、南京大虐殺など存在しなかったという議論がある。一九九四年五月に、永野茂門法相が「南京大虐殺はデッチ上げ」と発言し、辞任に追いこまれたことがあった。石原慎太郎東京都知事もかつて、「南京大虐殺は中国の作り話」と語って問題を起こしたことがある。こうした政治家の発言が問題になるのは、南京大虐殺の存在は歴史的に自明のことであり、日本政府も公式にそれを認めているからである。

国際的には一九五一年のサンフランシスコ平和条約の第一一条で、日本国は南京大虐殺を認定した東京裁判の判決を受諾すると約束している。最近の政府の公式発言をみても、一九九八年一二月二六日、南京事件に関する民事裁判の判決についての記者会見で、外務省報道官は「政府としてはいわゆる『南京事件』をめぐり種々の議論があることは承知しているが、一九三七年の旧日本軍の南京入城の後、非戦闘員の殺害あるいは虐殺行為等があったことは否定できない事実であったと考えている」と述べ、さらに一九九九年四月一九日の野中広務官房長官の記者会見では、石原知事の発言に関連して「それぞれ議論はあるが、日本軍が南京攻略および南京入城後、非戦闘員である中国の人たちを殺害、略奪があったことは否定できない事実と考えている」と言明している。政府も事件の存在を認めていることは周知の事実である。また一九七二年の日中国交回復の前後や、一九八二年の歴史教科書の国際問題化の後にも、南京大虐殺否定論が右翼の一部から唱えられたことがあったが、それらは事実の解明がすすむことによって、議論としては破産してしまったはずなのである。

ところがこの二、三年、結着がついているはずの南京大虐殺について、そんなのはデマだ、デッチ上げだという否定論がまた賑やかになってきた。『正論』『諸君!』『SAPIO』などの雑誌や『産経新聞』を舞台にして、破産したはずの否定論が復活してきた。また南京大虐殺を全面的に否定する著書も、次々刊行されている。否定論の内容そのものは、かつてあった議論の蒸し返しで、すでに論破されているものである。しかし大量の宣伝を繰り返すことで、事実を知らず、論争の歴史にも詳しくない世代への働きかけを狙っているのである。

このような南京大虐殺否定論は、歴史の事実を隠蔽し、日本の戦争を美化し、軍事大国の復活に道を開こうとする危険な意図を持っているといえるのである。だから学問的、論理的に成り立たない議論だからといって、放置しておくわけにはいかない。

私たち南京事件調査研究会は、一九八四年の結成いらい内外の史料や証言を集め、南京大虐殺の事実の解明につとめてきた。それは歴史の真実を明らかにするためであった。最近の否定論は、加害者、被害者、中立国の夥しい資料や証言を無視し、事実をねじ曲げ、ウソを重ねているにすぎないのだが、真実を守るという立場でこれに反論を加えようとしたのが本書である。この本は、私たちが今までに発表してきた研究成果や史料集を読んでいない読者にも理解していただけるよう配慮した。好戦的なキャンペーンに惑わされることなく、正しい歴史認識に本書を役立てていただくことを願っている。

一九九九年九月

南京事件調査研究会
（執筆＝藤原彰）

南京大虐殺否定論13のウソ――［目次］

はじめに――1

第1章 「東京裁判によるデッチ上げ」説こそがデッチ上げ　藤原　彰　14

南京大虐殺は連合国の創作だった？

伝聞証拠しかないから虐殺はなかった？

南京の軍事法廷もデタラメの復讐劇？

第2章 本当に誰もが南京事件のことを知らなかったのだろうか　吉田　裕　28

知らなかった＝だから、なかった？

情報は確実にひろがっていた

知っていた一般の国民もいた

第3章
リアルタイムで世界から非難を浴びていた南京事件
笠原 十九司 40
世界の報道を知らなかったのは日本国民ばかり
世界から非難され、東京裁判で裁かれた
連盟総会は日本の中国侵略非難決議を採択
南京駐在の外交官は南京事件の報告を本国に送っていた
年鑑を「一等史料」という荒唐無稽な否定論

第4章
戦争当時中国でも問題にされていた
井上 久士 60
中国側の資料に言及がない＝虐殺はなかった？
蔣介石はどう言及していたか？
毛沢東や中国共産党は何も知らなかったのか？

第5章
数字いじりの不毛な論争は虐殺の実態解明を遠ざける
笠原 十九司 74
「三〇万人虐殺でなければ南京大虐殺ではない」というトリック
「数の論争」のトリック／「数の論争」の落とし穴
南京の人口は二〇万人だったというウソ
「南京大虐殺の目撃者はいない」というトリック
南京大虐殺の「虚像」を「虚構」と攻撃／南京大虐殺の実像

第6章
据えもの斬りや捕虜虐殺は日常茶飯事だった
本多 勝一 100
繰り返される捏造論
日本刀はそんなにヤワか？
これでも完全な「創作」といえるのか？

第7章
遺体埋葬記録は偽造史料ではない
井上 久士
虐殺の規模を示す貴重な史料
紅卍字会とは何か
信憑性の高い紅卍字会の埋葬記録
ニセものだと決めつける否定派のウソ
崇善堂の埋葬について
120

第8章
虐殺か解放か
――山田支隊捕虜約二万の行方
小野 賢二
〝自衛発砲説〟の登場
大虐殺を記録した皇軍兵士たち
板倉由明氏の責任回避論
東中野修道氏の実証なき解釈
最後に
140

第9章
国際法の解釈で事件を正当化できるか
吉田 裕
中国軍は国際法に違反したか
「便衣兵」の処刑は適法か
投降兵の殺害は正当化できるか
敗残兵の殲滅は戦闘行動か
160

第10章
証言を御都合主義的に利用しても正当な事実認定はできない
渡辺 春己
パル判事の判決書を悪用する騙しのトリック
「木を見て森を見ず」のトリック
マギー証言は「伝聞の山、憶測ばかり」というウソ
信憑性の高いマギー証言
180

第11章
妄想が産み出した「反日攪乱工作隊」説
笠原 十九司
荒唐無稽な反日攪乱工作隊謀略説
「反日攪乱工作隊」説デッチ上げのトリック
欺瞞的な「例証」のトリック
自由自在に中国兵「反日攪乱工作」を捏造
ことさらに「支那」と呼ぶ中国蔑視論者
198

第12章
南京大虐殺はニセ写真の宝庫ではない
笠原 十九司
否定派の「ニセ写真」攻撃
日本軍部が撮らせず、報道もさせなかった虐殺写真
南京虐殺を撮影した日本兵
日本軍の目を避けて南京虐殺を撮影した宣教師たち
「ニセ写真」攻撃のトリック
220

第13章
歴史修正主義の南京大虐殺否定論は右翼の言い分そのものだ
藤原 彰
日中国交回復と「まぼろし」論の台頭
教科書問題の国際化と否定論の再登場
否定論が繰り返される危険な背景
240

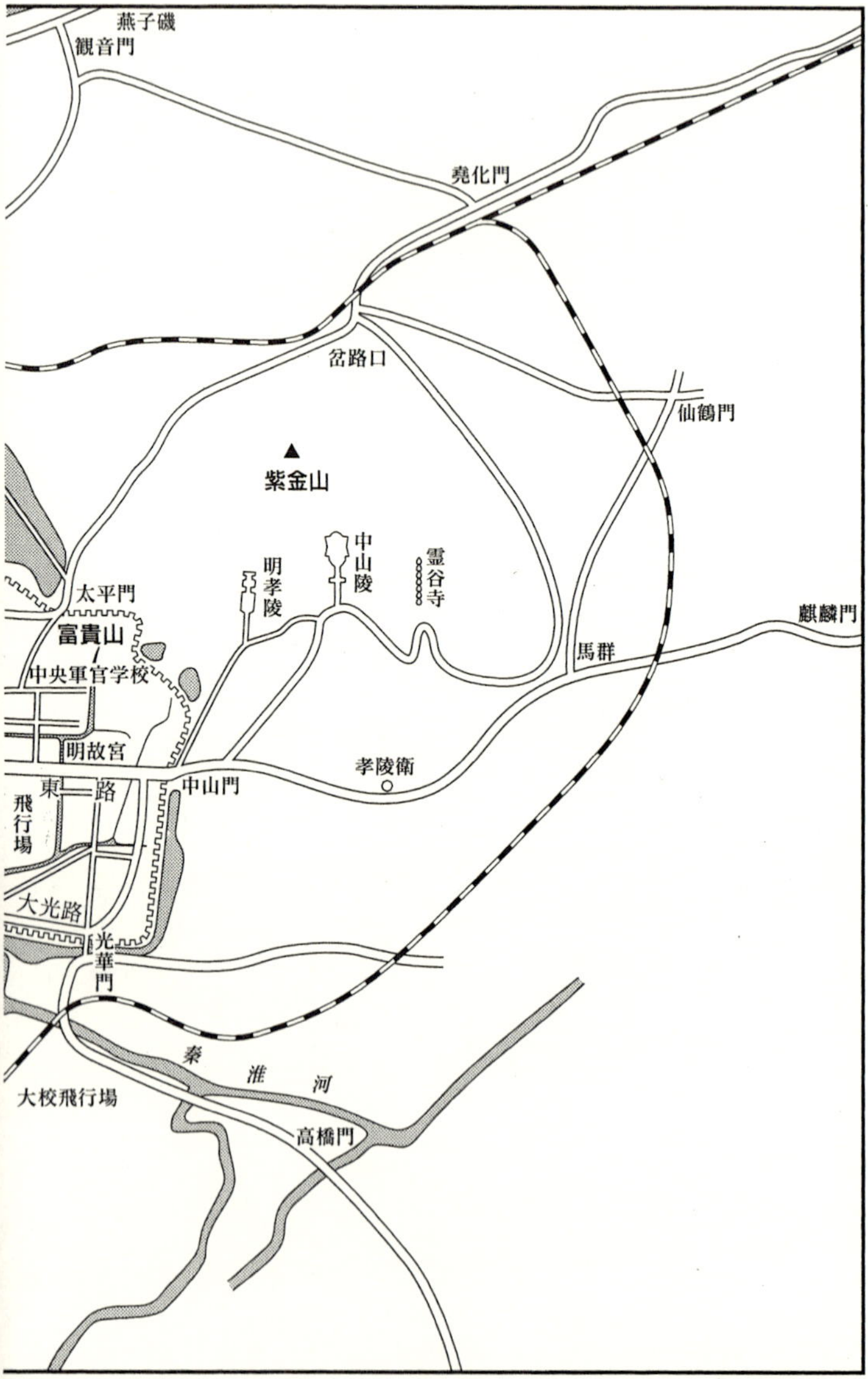
燕子磯
観音門
堯化門
岔路口
仙鶴門
紫金山
中山陵
霊谷寺
明孝陵
太平門
富貴山
中央軍官学校
麒麟門
馬群
明故宮
孝陵衛
東
路
中山門
飛行場
大光路
光華門
秦
淮
河
大校飛行場
高橋門

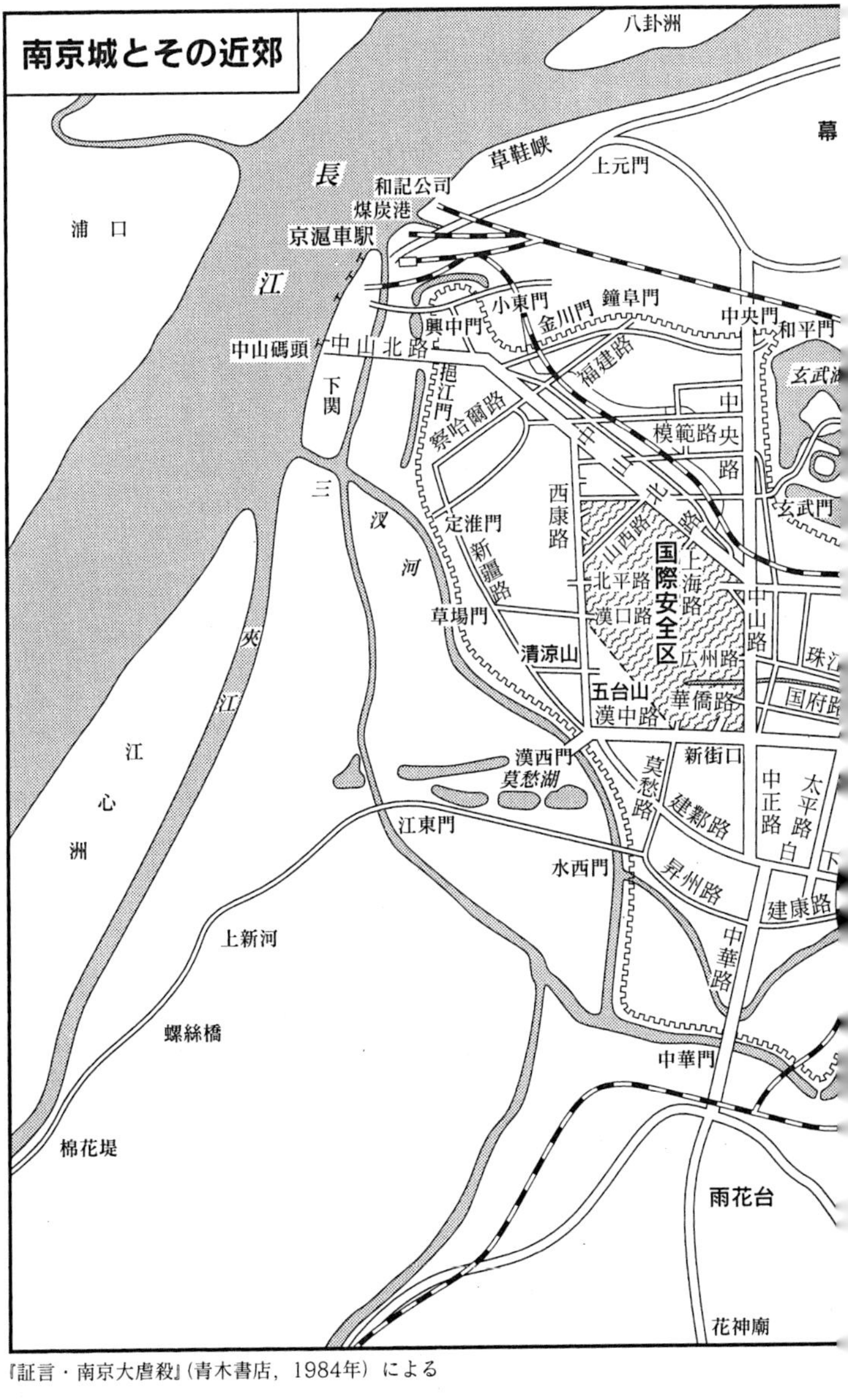

『証言・南京大虐殺』(青木書店，1984年) による

南京大虐殺否定論13のウソ

第1章

第1のウソ

南京大虐殺は東京裁判でデッチ上げられた

日本のＡ級戦犯を審理するため、
一九四六年に開廷した東京裁判（正式には極東国際軍事裁判）で、
一般の日本人ははじめて南京大虐殺の詳細な実像を知ることになる。
東京裁判の評価をめぐってはさまざまな議論がたたかわされてきたが、
最近公開された映画『プライド』が裁判を批判的に描いて高収益を上げるなど、
東京裁判を全否定する論調が広がりつつある。東京裁判は
単なる「勝者の裁判」でなんら意義のないものであったのだろうか？
ＢＣ級戦犯を対象にした南京裁判とあわせて考察する。

1.「東京裁判によるデッチ上げ」説こそがデッチ上げ

──南京大虐殺は連合国の創作だった？

藤原彰

南京大虐殺否定派が振りまいているウソの中で、もっとも事実に反しているものの一つが、「南京大虐殺は東京裁判によるデッチ上げ」という攻撃である。そもそも南京大虐殺などは存在せず、日本人はもちろん世界も知らなかった。戦後になって連合国が、日本の悪虐非道ぶりを示すために、ナチスによるアウシュヴィッツに匹敵するものとして、南京大虐殺のストーリーを作り上げ、突如として東京裁判に持ち出したのだ。そして証拠もないデタラメな裁判で、原爆の被害者を上まわる三〇万人の虐殺という説を、反日プロパガンダのためにデッチ上げたと主張するのである。冨士信夫、渡部昇一、藤岡信勝、小林よしのりなどの否定論の人々の「南京大虐殺のウソ」論は、異口同音にこの東京裁判による創作説、デタラメの復讐劇説に立っている。

最近の例では、小林よしのり『新ゴーマニズム宣言　第5巻』（小学館、一九九八年）に収録されている時浦兼「南京の本当の真相はこうだ」の説がある。これはGHQの命令で、全国の主な新聞に一九四五年一二月八日から連載された「太平洋戦争史――真実なき軍国日本の崩壊」に、南京虐殺が突然登場し、翌年の東京裁判でさらに本格的に展開されたのだとする。日本の戦争を否定するために、日本軍の悪行を作り出したもので、現在の「自虐史観」の原型だと非難している。

だがこの「東京裁判によるデッチ上げ」説こそが、ウソの固まりであり、デッチ上げなのだ。南京大虐殺は東京裁判で突然持ち出された事件ではなく、事件の進行とともにリアルタイムで世界にも、日本にも伝えられていた。「南京アトロシティーズ」（南京の残虐行為）、「ザ・レイプ・オブ・南京」（南京の暴行）という言葉は、その当時から日本軍の暴虐非道を非難して使われていたのである。

南京は当時の中国の首都だったから、外国の公館や報道機関も多数存在していた。外国人の多くは、日本軍が近づくと避難したが、一部の記者たちや、難民の保護にあたった宣教師や医師たちは踏みとどまっていた。南京を占領した日本軍は、入城直後の一九三七年一二月一五日に残っていた記者に退去を命じ、ニュースの発信や写真の持ち出しを禁止して、南京の実情が洩れるのを防ごうとした。だがそれでも、大虐殺の報道が世界を駆けめぐることになった。

事件が進行しつつあった一二月一五日以降から、「シカゴ・デイリーニューズ」の南京特派員A・T・スティール、「ニューヨーク・タイムズ」の上海特派員H・アベンドと南京特派員F・T・ダーディンらが南京や上海から打った電報が、日本軍の残虐行為を世界に知らせた。とくに「マンチェスター・ガーディアン」の中国特派員H・J・ティンパーリーは、詳細な報道とともに、それをもとにした編著『戦争とは何か――中国における日本軍の暴虐』(*What war means : the Japanese terror in China*)を一九三八年にロンドンとニューヨークで発行し、同年中に日本語訳と中国語訳が中国で刊行された。

一九三八年一月一七日付で、広田弘毅《こうき》外相がワシントンの日本大使館宛てに打った電報が、アメリカ側に解読されていた。そこでは広田は、上海で押収したティンパーリーの電報が、南京その他で三〇万人を下らない中国民間人が殺されたと述べていることを、情報として伝えている。外務省は当時から外国の報道を知っていたのだ。当時の外務省東亜局長石射猪太郎《いしいいたろう》が敗戦直後の一九五〇年に読売新聞社から刊行した回顧録『外交官の一生』は、とくに「南京アトロシティーズ」の一項を設けて、軍とともに南京に入った福井総領事代理や、岡本上海総領事からの報告で、日本軍の掠奪、強姦、放火、虐殺の情報を知って慨嘆したこと、石射が三省局長会議(外務省東亜局長と陸海の軍務局長)でたびたび陸軍側に警告したこと、広田外相からも杉山陸相に軍紀の粛正を要望したことを述べている。そしてこの事件を「南京アトロシティーズ」と呼んだとした上で、「日本新聞は、記事差止めのために、この同胞の鬼畜の行為に沈黙を守ったが、悪事は直《ただち》に千里を走って海外に大センセーションを引き起した。あらゆる非難が日本軍に向けられた。わが民族史上、千古の汚点、知らぬは日本国民ばかり、大衆はいわゆる赫々《かくかく》たる戦果を礼讃するのみであった」と書いている。

外務省ばかりではない。軍の中央部にも大虐殺の事実は知られていた。当時の参謀本部作戦課員だった河辺虎四郎《かわべとらしろう》の回顧録『市ヶ谷台から市ヶ谷台へ』（時事通信社、一九六二年）には、参謀総長閑院宮載仁親王《かんいんのみやことひとしんのう》の名で、松井石根《いわね》方面軍司令官にたいし厳重な戒告を出し、その案文を自分が作ったと書かれている。その戒告とは、一九三八年一月四日付「軍紀風紀の維持振作に関する要望」として記録に残っているもので、「軍紀風紀に於て忌《いまわ》しき事態の発生」を戒めたものである。また松井方面軍司令官は三八年二月に解任されているが、これは事件の責任を負うたものとされており、松井自身はこのことに不満であった。この年一二月に陸軍省の兵務課長（軍紀風紀の担当）に就任した田中隆吉は、事件のことを「世界史上最もひどい残虐行為」だとし、憲兵や兵務課で、軍司令官や師団長ら責任者を軍法会議にかけることを検討したが、参謀本部が反対したので実現しなかったと述べている（粟屋憲太郎ほか編『東京裁判資料・田中隆吉尋問調書』大月書店、一九九四年）。軍当局が事件の反響の大きさに苦慮していたことは明らかで、さきの参謀総長の要望を受けて、ただちに中支那方面軍はその趣旨を隷下部隊に通牒している。

外務省や軍だけでなく、日本の報道機関も南京の事件の実情は知っていた。ただ厳重な検閲と報道統制のために、書くことができなかっただけである。当時の内務省警保局が出していた『出版警察報』（戦後に復刻版が出ている）には、「我軍が無辜《むこ》の人民に惨虐なる行為を為せる如く曲説するもの」という理由で発禁処分になったものが、一九三八年一月九件、二月五四件、三月二九件となっている。これが南京大虐殺を報道した記事にあたるもので、その内容は眼を蔽うばかりの酷さである。

中央公論社の特派員として占領直後の南京に滞在した作家の石川達三は、兵士たちから取材した虐殺や強姦の様子を描いた「生きている兵隊」を『中央公論』一九三八年三月号に執筆した。だが同号は即日発行禁止になり、石川は禁固四年執行猶予三年の判決を受けた。少しでも事件のことを書くこと自体が、弾圧の対象にされたのであった。つまり世界にセンセーションを巻き起こしたこの事件も、厳重な報道統制と言論弾圧によって、日本国民にだけは知らされなかったのである。

だから南京大虐殺という出来事は、実際に起こった時から一〇年近くも経った東京裁判で、突如としてデッチ上げられた事件なのではない。まさに同時進行で、世界にも、日本の上層部にも伝えられていた事件だったのだ。そのことを示す無数の証拠が存在しているのに、それを一切知らぬ振りをするのは、ウソとしか言いようがない。東京裁判でいきなり突きつけられて驚いたのは、情報を遮断され盲目にされていた一般の日本国民だけだったのである。

――伝聞証拠しかないから虐殺はなかった？

東京裁判について、否定派がもう一つ繰り返して主張しているのは、裁判は伝聞証拠ばかりによったデタラメなものだということである。そして必ず引き合いに出すのが、ジョン・マギー証人にたいするブルックス弁護人の反対尋問の一節である。マギー牧師は、検察側が呼んだ九人目の証人として、一九四六年八月一五日と一六日の二日間にわたり、法廷で詳細な証言をした。マギーは南京の国際安全区の委員の中心的な一人で、日本軍の暴行、強姦、虐殺などの数多くの事例を挙げた。ところがブルックス弁護人は反対尋問でマギーから、日本兵による殺害のその瞬間を目撃したのは一人だという答えを引き出した。否定派はこの部分だけを取り上げて、証言はすべて伝聞証拠で、大虐殺などなかったとするのである。一九九八年に、東条英機を主人公にして、東京裁判を批判する立場で作られた映画『プライド』も、この場面をとくに詳細に描いて、東条に「みな伝聞だ」と言わせ、南京大虐殺を否定していた。

しかし安全区で、もっぱら怪我人や強姦の被害者の救護活動をしていたマギーが殺害現場に立ち会わなかったのは当然で、マギー証言の意義は夥《おびただ》しい数の被害者と接していたことにこそあるのだ。また彼は日本軍の目を盗んで、密かに一六ミリフィルムのカメラで虐殺された死体や被害者を撮影し、貴重な史料を残している。それらを無視して、殺害現場を見たのは一人だけだという部分のみが、何回も持ち出されているのである。

東京裁判での南京大虐殺の審理は、一九四六年七月二五日から四七年四月九日まで、一五回にわたって行われた。検察側証人として一一人が出廷して証言したほかに、安全区の外国人委員や、生き残りの被害者など二一人が、宣誓供述書を提出している。さらに安全区檔案（文書）、南京裁判所検案書、崇善堂や紅卍字会など慈善団体の死体埋葬記録、アメリカ大使館の事件関係の報告書、在中国ドイツ外交当局の報告書、ドイツ人ラーベの書簡などが証拠として提出されている。この膨大な証拠は、公刊されている裁判記録で読むことができる。

検察側があげた圧倒的な残虐行為の証拠にたいして、弁護側の反証はあまりにも弱いもので、「法廷は、あっけにとられた」（児島襄『東京裁判㊦』中公新書、一九七一年）。松井石根被告担当の伊藤清弁護人によれば、「事件については、真相は別とし、検察側の証拠は圧倒的であり、世界中にあまりにも悪評が高かった事件でもあり、松井被告には少々気の毒とは思ったが、事実そのものの認否の事は一応に止め」たのだという（児島、同書)。だから弁護側の証人はわずかに三人、書証は三通にすぎなかった。

注目されていた南京大虐殺事件の法廷は、検察側の膨大な証拠を積み重ねての立証と、それに比べて呆気ないほど淡白な弁護側の反証に終始した。判決では「南京とその周辺で殺害された一般人と捕虜の総数は、二十万以上であったことが示されている」とし、松井被告に死刑を言い渡したのである。

マギーへの反対尋問の一節だけを問題にして、二日間にわたるマギーの大量な証言の全体を否定し、さらには東京裁判の全体をも否定するという乱暴な結論を出すのが、否定派のやり方である。だがこれが、南京大虐殺を否定する戦争美化論者の常套手段なのだ。一つの欠点を見つけるとそれに飛びつき、それを口実にして全体を否定するというのが、今まで何回も繰り返されてきた否定論の手口であった。そしてかつてない大規模な内容と歴史的意義とをもった東京裁判の成果を、まったく無視するのである。

たしかに東京裁判には、問題点がないわけではない。侵略戦争を犯罪だとし、それを計画し遂行した者を「平和にたいする罪」として裁いたのは、事後法によるものだから罪刑法定主義に反するという批判は当初からあった。また裁判は連合国軍最高司令官の管轄下におかれ、判事も検事もすべて中立国ではなく連合国から選ばれているから、勝者による敗者にたいする復讐劇だとする反発もあった。また裁判の内容をとってみても、裁判を主導したアメリカの利害が優先しており、天皇や上海派遣軍司令官朝香宮鳩彦王《あさかのみややすひこ》中将を免責にしたこと、財閥や官僚の責任を問わなかったこと、さらに資料の提供と交換で七三一部隊や毒ガス使用の問題を除外したことなどの欠陥も指摘されている。

だがそうした問題点はあるにせよ、東京裁判にはほかに比べようがないほどの成果と意義があったことも、疑いのない事実である。何よりも、それまで日本国民にも隠されていた日本の戦争の真実を、膨大な史料をもとにして具体的に明らかにしたことの意義は大きい。一九二〇年代後半からの日本の中国への干渉と出兵、関東軍参謀による張作霖の殺害、三〇年代初めの右翼クーデターである三月事件や一〇月事件など、それまで知らされなかった歴史的事件を、国民は裁判を通してはじめて知ったのである。アジア解放の聖戦だと教えられてきた戦争が、領土や資源を獲得するための侵略戦争であったこと、その戦争の中で、「皇軍」と自称していた日本軍が、南京やシンガポールやマニラなどで大規模な残虐事件を起こしていたことも知らされた。法廷に提出された証拠と、それをはるかに上まわる一万点以上の未提出証拠書類は、今でも日本近現代史研究のための史料の宝庫となっている。

南京大虐殺についても、東京裁判は、その全体像をはじめて明らかにしたという意味をもっている。この裁判では、ウィルソン医師、ベイツ教授、マギー牧師ら当時南京にいた外国人、虐殺の中から辛うじて生き残った被害者たち、その他双方の立場の証人、アメリカやドイツの公文書や多くの残存史料が法廷に提出された。そして生々しい事件の実態や、それらを総合した事件の全貌が、はじめて解明されたのである。もちろん現在では事件の研究は当時より格段に進んではいるが、裁判で明らかにされた事実も多く、その意義はいまだに失われてはいない。東京裁判を否定したり、無視したりすることは、意図的に事件を抹殺しようとするものと言わねばならない。

――南京の軍事法廷もデタラメの復讐劇？

大虐殺否定派が、もう一つデタラメだと言い張っている裁判は、中国の国民政府側が、一九四六年二月から四七年一二月まで、現地の南京で行った軍事法廷である。これは連合国各国が、それぞれに実施したBC級戦犯裁判の一つであって、国共内戦を前にした慌しい時期に行なわれた。裁かれたのは、事件当時の第六師団長谷寿夫《ひさお》中将と三人の将校であって、中国の要求によってGHQが日本で逮捕し、南京に送られたものであった。中国にとっては南京大虐殺を取り上げるために、いわば象徴としてこの裁判が行なわれたのであった。谷が選ばれたのは、事件当時の高級指揮官の中で、中支那方面軍司令官松井石根大将はA級戦犯として東京裁判にかけられており、第一〇軍司令官柳川平助中将や第一六師団長中島今朝吾《けさご》中将はすでに死亡していたからである。また三人の将校が中国側から指名されたのは、当時の日本の新聞で「百人斬り競争」などと書き立てられ、広く名前が知られていたからであった。なおこの裁判で殺人競争の罪を問われた二人の将校の事件について、否定派は冤罪だと主張し、最近刊行された鈴木明『新「南京大虐殺」のまぼろし』(飛鳥新社、一九九九年)でも、同じことを繰り返している。だが本書の本多勝一論文(第6章)が明快に示しているように、二人が多くの捕虜を殺していることは間違いない事実である。

こうした経緯もあったので、南京の軍事法廷は、事件の全体像を総合的に問題にするのではなく、被告の犯罪事実を個別に認定するというものであった。事件の実情の解明よりも、被告が残虐事件にいかに係っていたかを追及したのである。ところが否定派は、南京法廷の判決だけを取り上げて、これを事件のすべてだとし、実際とはまったく違うと批判するのである。そして裁判はいい加減で、南京大虐殺そのものが報復のためのデッチ上げだと主張する。

南京で裁判が行なわれた直後に、この地域は人民解放軍の手に落ち、関係史料は中華人民共和国の南京にある中国第二歴史檔案館に保管されることになった。これが非公開であったこともあって、否定派の判決批判だけが独り歩きしていたともいえる。この史料群も、日本で否定派の動きが起こったのに対応するかのように、八〇年代後半以後に公開、刊行されるようになった。たとえばその一部の二五点の史料は、『侵華日軍南京大屠殺檔案』として公刊されており、その中の一一点の史料は「南京軍事裁判資料」として、南京事件調査研究会編の『南京事件資料集(2)中国関係資料編』（青木書店、一九九二年）に翻訳刊行されている。そして南京軍事法廷でも、やみくもに復讐劇を演じたのではなく、膨大な証拠を集め、多数の証人が証言していることが明らかになった。確かにそれは事件全体の解明という点では不十分であったが、個々の事実の認定という面では重要な史料となっている。この南京軍事法廷の記録も、事件解明のための重要な史料の一部だと言えるのである。

要するに、東京裁判や南京軍事法廷を、ウソだ、デッチ上げだというのは、まったくの言いがかりで、事実は厳然として存在し、裁判はその一端を証明したものだったのである。とくに二つの法廷で、山のように積み上げられた被害者側の証言の重さは、何ものにも代えられないものである。否定論の特徴は、この被害者の証言をまったく無視することにあるということができる。

なお東京裁判との関連でいえば、ドイツの場合は連合国によるニュルンベルク裁判が終わった後も、ドイツの国内法によって自らの手で戦争犯罪の追及をつづけ、ジェノサイドのような重大犯罪にかんしては、時効を停止して裁判を行なっている。自国の戦争責任をあいまいにしたままで、自国民の戦争犯罪を完全に不問にしてきた日本とは大きな違いがあるといえる。東京裁判にたいして「デッチ上げ」説が出てくるような現状は、戦争責任にたいする無感覚、歴史認識の欠如のあらわれであろう。

第2章

第2のウソ

当時、日本では誰も南京事件のことを知らなかった

「知らなかった＝なかった」とする虐殺否定論者の言い分は簡単に言えばこうだ。

「本当に虐殺があったならば、どんな手段を使って隠蔽しても

事実は漏れ伝わってくるはずである、しかしその形跡はどこにもない。

当時の写真をみれば中国人の顔に安堵感が表われているではないか。

これでも虐殺があったといえるのか……」

しかし、これは本当だろうか？　厳格な言論報道統制があったという事実に加え、

それでも知っていた日本国民が実際にいたことに彼らはどう答えるのか？

2.

本当に誰もが南京事件のことを知らなかったのだろうか

——知らなかった＝だから、なかった？

吉田 裕

南京虐殺否定論者の中には、南京事件の存在など当時から誰も知らなかった、だからこの事件そのものがなかったのだと強弁する人たちがいる。たとえば、虐殺否定論の「古典」である田中正明『〝南京虐殺〟の虚構』（日本教文社、一九八四年）は、日本人は、戦後の東京裁判で初めてこの事件のことを知ったのであって、「それまでは、日本国民のだれ一人として、南京にこのような大虐殺があったなどということを語る者はいなかった」と断言する。また、この本に推薦文を寄せている渡部昇一も、事件に関する流説さえ、当時、少年だった自分自身だけでなく、「私などとは比較にならないほど情報源を豊かに持った高級将校や高級官吏や新聞記者たちの耳にも入らなかった」として、そのことを事件そのものがなかったことの根拠の一つにしている。

本当にそういえるのだろうか。そもそも、この種の議論は、日本政府や軍が実施していた報道統制の存在をまったく無視している点に特徴がある。実際、日中戦争が始まると、報道統制は、いっそう強化された。新聞を中心にして、これをみてみよう。

まず、一九三七年七月三一日には、新聞紙法第二七条による陸軍大臣の新聞記事掲載差止命令（陸軍省令第二四号）が発動された。これにより陸軍関係の記事は、事前にゲラ刷り二部を警視庁および各府県警察部に提出し、そこで検閲を受けて陸軍当局の許可を得たのでなければ掲載できなくなった。

海軍の場合も、同様の新聞記事掲載差止命令（海軍省令第二二号）が八月一六日に発動され、陸軍の場合と同じような運用がなされている。重要なことは、検閲の際の判定基準である「新聞掲載事項許否判定要領」が、「支那兵又ハ支那人逮捕訊問等ノ記事写真中虐待ノ感ヲ与フル惧アルモノ」「惨虐ナル写真」などの掲載を禁じていたことである。こうした措置によって、日本軍によって戦争犯罪がなされたことを推測させるような記事や写真を掲載することは不可能になったのである（粟屋憲太郎・中園裕編『戦時新聞検閲資料　別冊』現代史料出版、一九九七年）。

漫画家の小林よしのりは、『東京朝日新聞』一九三七年一二月二〇日付の写真報道、

「平和甦る南京　皇軍を迎へて歓喜沸く」をとりあげ、「このうのどかさは一体なんだろう」などとして、南京で戦争犯罪がなかったことの例証としているが（『戦争論』幻冬舎、一九九八年）、報道統制の実態を無視した暴論である。草森紳一「報国の写真」がいうように、「検閲を受けて新聞に開示された写真は、宣伝的報道写真というべきである」し（『不許可写真1』毎日新聞社、一九九八年）、ましてや検閲によって残虐行為の写真などが掲載されるはずもなかったのである。

なお、静岡民友新聞社の従軍記者として南京を取材した片山兵二は、一九三八年三月二八日の「陣中メモ日記」の中で、次のように書いている（『わが青春の中国大陸従軍譚』非売品、一九七七年）。

> 中華門附近の支那人街を視察。商店もマバラに開いているが、軍人や我々日本人の顔を見ると素早く奥へ逃げ込む。特に若い娘らの逃足の早いことには感心する。

三八年三月の時点でさえ、まだ南京市民、特に若い女性の間には、日本軍に対する恐怖心が残っていたのである。また、この点については、松井石根《いわね》中支那方面軍司令官自身が、三八年二月六日の日記に、「支那人民ノ我軍ニ対スル恐怖心去ラズ」と書きつけている通りである（南京戦史編纂委員会編『南京戦史資料集』偕行社、一九八九年）。

——情報は確実にひろがっていた

こうして、多くの国民は、南京事件のことを戦後、初めて知ることになった。しかし、田中正明などがいうように、事件の発生を知っていた日本人がまったくいなかったかといえば、そんな訳ではけっしてない。現地の日本軍関係者を除けば、この事件の発生をいち早く知ったのは、外交官僚のようだ。事実、当時、外務省東亜局長の地位にあった石射猪太郎《いしいいたろう》の一九三八年一月六日の日記には、「上海から来信、南京に於ける我軍の暴状を詳報し来る、掠奪、強姦目もあてられぬ惨状とある。嗚呼《ああ》之れが皇軍か」と書かれている（伊藤隆・劉傑編『石射猪太郎日記』中央公論社、一九九三年）。

また、少し後になってから、事件のことを聞き及んだ外交官もいた。重光葵《しげみつまもる》の場合がそれだが、一九四二年一月に特命全権大使として南京に着任した重光は、「赴任（中略）して南京事件の実相を知るに及んで、我軍隊の素質、日本民族の堕落に憤りを発せざるを得なかった」と回想している（伊藤隆・渡辺行男編『続　重光葵手記』中央公論社、一九八八年）。

次に、軍人の場合をみてみよう。渡部昇一は、軍の幹部でさえ事件の存在をまったく知らなかったかのように断定しているが、明らかに事実と異なる。一例をあげるならば、一九三八年六月に第一一軍司令官に任命され、中国戦線に出征することになった岡村寧《やす》次《じ》陸軍中将は、「東京で、南京攻略戦では大暴行が行われたとの噂を聞き」、さらに、七月には、上陸地の上海で軍関係者から次の事実を確認している（稲葉正夫編『岡村寧次大将資料(上)』原書房、一九七〇年）。

一、南京攻略時、数万の市民に対する掠奪強姦等の大暴行があったことは事実である。

一、第一線部隊は給養困難を名として俘虜を殺してしまう弊がある。

南京事件に関するこうした情報は、軍内部でかなり広範囲にひろがっていた。事件当時、陸軍大学校の学生だった加登川幸太郎大尉は、次のように指摘している（「『証言による南京戦史』（最終回）〈その総括的考察〉」『偕行』一九八五年三月号）。なお、加登川は、旧軍人出身の軍事史研究者の中では、最もアカデミックな業績を残した人物の一人である。

筆者は48年昔のこの事件のあった頃、陸軍大学校の学生であったが、すでに南京戦線である種の「不法行為」の行なわれたことを耳にしていた。大学校の学生の耳にも洩れてくるほどこの問題は軍中央部を悩ましたのであったのだ。従っていわゆる「南京事件」については日本軍が「シロ」であったとは、筆者は初めか

ら認識していない。

また、南京事件に関しては、「事実に伴う流説が膨大に増幅された」と信じている下級将校の中にも、事件についての情報を伝え聞いている者がいる。例えば、歩兵第三六連隊の予備将校として自分自身も南京攻略戦に参加した鷹尾正は、こう書いている（歩三六記念誌刊行会編『歩兵第三六連隊戦友会誌』非売品、一九八三年）。

> しかしながら、私は昭和十五年九月から十九年八月まで南京の支那派遣軍総司令部参謀部第二課に勤務する間に、当時の派遣軍の他の兵団出身の歴戦の戦友とも宿舎を共にした。敵脱出部隊の殲滅《せんめつ》戦を担当した当時の現役中隊長の体験談には耳を覆わずにはおれない事実も聞かされた。要するに「見なかった」「やらなかった」ということと「無かった」ということは別なのである。

一方、海外からの情報に接する機会が比較的多かった知識人の中にも、たとえ部分的ではあれ事件に関する情報を耳にしていた者がいた。植民政策の研究者で敬虔なクリスチャンでもあった矢内原忠雄の場合がそうである。矢内原が一九三九年一一月二六日の内輪の講演の中で次のように語っていた事実を、彼の個人雑誌である『嘉信』（第三巻第一号、一九四〇年）から確認することができる。

去る十一月三日東京青山にて基督《キリスト》教徒大会なるものが開かれ、午前には基督教講演があり、午後には文部省宗教局長の講演を聴き、且つ某陸軍大将の挨拶があつた。
この局長や大将は、現代社会の基督者に対する政治的解放者としてこの席に来たか。否、決してさうではない。その陸軍大将は南京事件当時の最高指揮官であつた。南京陥落の時に、アメリカのミッションで建ててゐる基督教の女学校に対して、一つの大きな間違が犯された。そのことが報道されて、外国殊にアメリカの排日的感情に油がそそがれたのである。〔中略〕その事件の責任者たる者は、手をついて基督教会の前に謝らなければならない。基督教徒大会は、日本の基督教徒の名に於いて謝罪を要求すべきではないであらうか。

「某陸軍大将」とは、中支那方面軍司令官の松井石根大将のことであり、矢内原はここで、女性に対する暴行事件のことを問題にしているのである。

―知っていた一般の国民もいた

それでは、一般の国民は、南京事件について何も知らなかったのだろうか。けっしてそうではない。少なくとも、中国の日本人社会の中では、この事件の噂はかなりひろがっていたようである。なぜなら、法制史学者の滝川政次郎が次のように回想している事実があるからである（『東京裁判をさばく㊦』東和社、一九五三年）。念のために書きそえておくならば、滝川は東京裁判で嶋田繁太郎元海軍大臣の弁護人を務めた人物であり、東京裁判を戦勝国による一方的な裁判だとして批判したことでも知られている。

南京占領後における日本軍の南京市民に加へた暴行が相当にひどいものであつたことは、蔽ひ難き事実である。当時私は北京に住んでゐたが、南京虐殺の噂があまり高いので、昭和十三年の夏、津浦線を通つて南京に旅行した。南京市街の民家が概ね焼けてゐるので、私は日本軍の爆撃によつて焼かれたものと考へ、空爆の威力に驚いてゐたが、よく訊いてみると、それらの民家は、いづれも南京陥落後、日本兵の放火によつて焼かれたものであつた。南京市民の日本人に対する恐怖の念は、半歳を経た当時においても尚《なお》冷めやらず、南京の婦女子は私がやさしく話しかけても返事もせずに逃げかくれした。私を乗せて走る洋車夫が私に語つたところによると、現在南京市内にゐる姑娘《クーニャン》〔若い娘〕で日本兵の暴行を受けなかつた者はひとりもないといふ。

滝川のこの証言は、日本側の宣伝写真を真に受けて、陥落直後の南京市内の「のどかさ」を強調する小林よしのり説に対する有力な反証ともなっている。

さらに、日本の国内へも、中国戦線における日本軍の残虐行為が、「流言」の形でひそかに伝えられていた（社会問題資料研究会編『支那事変に関する造言飛語に就いて　支那事変下に於ける不穏言動と其の対策に就いて』東洋文化社、一九七八年）。その中には、南京事件のことをさしているのではないかと思われる「流言」がある。たとえば、洋装店を営む住徳蔵という人物は、「日本兵ハ糧食ノ輸送ガ間ニ合ハズ数日引続キ食事ヲ取ラズ突撃シ又ハ生芋ヲ噛リテ戦闘ヲ続ケ其為アル時ノ如キハ揚子江岸ニテ捕虜一万二千名ニ対シ食糧ヲ供給スルコト能ハズシテ鏖殺シタル由ナリ」と語って陸軍刑法違反で起訴されている。また、日傭の小林末造という人物も、「上海付近ノ戦争ニ於テ我軍ハ支那兵約二万ヲ捕虜トシタルガ之ヲ全部機関銃ニテ射殺シ死体ハ揚子江ニ流シタル旨」語って、同じように陸軍刑法違反で起訴されている。当時の陸軍刑法第九九条では、戦時または事変に際し、「造言飛語」をなしたものは、三年以下の禁固刑に処するとされており、これによって、噂話の類まで厳しく取り締まられたのである。

最後に、昭和天皇が事件のことを知っていたのかという問題を検討しておこう。これについては、一九三六年に天皇の侍従になった徳川義寛が、「昭和十二年の南京占領の時、日本軍がひどいことをしたということは、私は当時から知っていました。中国人捕虜を数珠つなぎにして撃ち殺すとか……」とした上で、次のように語っているのが参考になる（『侍従長の遺言』朝日新聞社、一九九七年）。

南京虐殺があったとか無かったとか論争があるようですが、当時も関係者の多くは事実を知っていたんです。陛下が知っておられたかどうかはわかりませんが、折に触れて「日露戦争の時の軍とは違う」ということはおっしゃっていました。

断定することはできないが、昭和天皇自身が事件の存在そのものを知っていた可能性をうかがわせる証言ではある。

以上みてきたように、事件の発生当時からかなり多くの人が、この事件の概要を知り得ていた。南京事件は、戦後デッチ上げられた事件であるとする主張には、何の根拠もないことは、もはや明らかだろう。

［参考文献］

吉田裕『天皇の軍隊と南京事件』（青木書店、一九八六年）

第3章

第3のウソ

世界でも報道されず、国際連盟、米・英・仏などから抗議はなかった

虐殺否定論者は議論の前提に
「南京大虐殺があったとしたら、なぜ、当時のメディアは報道せず、
国際社会で問題にもならなかったのか」という疑問を呈し、
だから「虐殺はなかった」と結論づけるのが常套手段のようだ。
しかし、その前提そのものにまったく根拠がないばかりか
史実を歪曲しているのである。当時の資料を精読し、
否定論の描く歴史像こそが妄想であることを実証する。

3.

リアルタイムで世界から非難を浴びていた南京事件

笠原十九司

―世界の報道を知らなかったのは日本国民ばかり

南京大虐殺事件（南京事件と略称する）の事実を否定する人たちが繰り返すウソに、「事件当時世界のどの国でも報道されなかったし、国際連盟の非難決議もなかった、米・英・仏などからの抗議もなく、国際問題にされなかった、だからなかった」という主張がある。

たとえば、渡部昇一『かくて昭和史は甦る』（クレスト選書、一九九五年）はこう記す。

「かりに南京大虐殺があったとしたら、なぜ、当時の国際社会で問題にならなかったのか」ということである。そのような時期に、南京で民間人を虐殺していれば、これは非難の的になったはずである。当時の南京には多くの欧米人がいる。国民政府の首都に住んでいるくらいだから、みな反日的な立場の人である。また、シナ大陸にはロイター、AP、UPIといった大通信社や、新聞社の特派員たちが多数駐在している。

ところが、実際には、当時の国際社会で「南京の暴虐」ということを正式のルートで非難する声は上がっていない。何しろ、被害者であるはずの中華民国代表でさえ、国際連盟の議場で「南京虐殺」のことを取り上げなかった（同書、二八八頁。引用にあたっては、簡潔にするため適度に中途を省略したところがあるが、文章は原文のままである。以下引用文については同じ）。

南京事件が当時世界で報道されなかったというウソは、旧内務省警保局『出版警察報』（復刻版、不二出版、一九八二年）を見るだけで見破れる。同書には戦時中、言論・出版の弾圧と統制を仕事にした当局が、南京事件を報道した外国の新聞・雑誌を検閲して発売禁止処分にしたリストが記録されている。つまり、日本当局は、世界の南京事件報道を検閲して税関段階でシャットアウトし、日本国民には見せないようにしていたのである。南京事件発生直後から、世界で虐殺の報道がなされていたことは、家永教科書裁判

で原告側証人として東京高裁の法廷に立った時に、私の意見書「世界に知られていた南京大虐殺」(教科書検定訴訟を支援する全国連絡会編『家永教科書裁判・第三次訴訟高裁編第2巻 南京大虐殺・朝鮮人民の抵抗・七三一部隊』民衆社、一九九七年、所収)に紹介してある。ちなみに同裁判の判決(一九九三年一〇月二〇日)は南京大虐殺および日本軍の婦女暴行にかんする教科書検定が違法であると判定、南京大虐殺否定派の誤りを法的に確認したのである。

アメリカでは、事件初期に南京で取材していた「ニューヨーク・タイムズ」のF・T・ダーディン、「シカゴ・デイリーニューズ」のA・T・スティールの両記者の報道をはじめ、南京事件が多くの新聞・雑誌に報道されていた。また、南京安全区国際委員会のジョン・マギー牧師が虐殺の現場を撮影したフィルムを友人のジョージ・フィッチ牧師が密かに持ち出して、アメリカに渡り、政府高官の前をはじめ各地で上映、報告して回っていた。これらの記録史料を収集翻訳したものが、南京事件調査研究会編訳『南京事件資料集(1)アメリカ関係資料編』(青木書店、一九九二年)に収録されている。同書にはまだ存命であった時のダーディン、スティールの両記者に私が直接インタビューして聞き出した事件の模様も収録されている。そしてこれらのアメリカにあった史料をもとに南京大虐殺の全体像を描いたのが拙著『南京難民区の百日——虐殺を見た外国人』(岩波書店、一九九五年)である。

南京事件と同時に同域で日本の海軍機がアメリカ砲艦パナイ号(同号には南京アメリカ

大使館が避難のため臨時に置かれていた）を撃沈するパナイ号事件が発生し、前者はアメリカ国民に日本軍の侵略性、残虐性を印象づけ、後者は、日本軍がアメリカに不意打ちの敵対行動をとったという怒りを呼び起こし、両者あいまって対日抗議の日本製品ボイコット運動が展開された（詳細は拙稿「日中戦争とアメリカ国民意識――パナイ号事件・南京事件をめぐって」中央大学人文科学研究所編『日中戦争――日本・中国・アメリカ』中央大学出版部、一九九三年、参照）。

――世界から非難され、東京裁判で裁かれた

戦後の極東国際軍事裁判（東京裁判と略称）で南京事件が裁かれその最高責任者として松井石根《いわね》大将が死刑を宣告されたのは、第二次世界大戦において、南京事件は連合国側に広く知られた事実となり、日本ファシズムの本質である侵略性・野蛮性を露呈したものと見なされていたからである。東京裁判で、日中戦争における日本軍の残虐行為の中で南京事件が重大視して裁かれたのは、連合国側の政府と国民が、リアルタイムで事件を知っており、その非人道的な内容に衝撃を受けていたからである。南京事件に対する世界の非難と抗議の集約が東京裁判であり、その判決であったにもかかわらず、「南京大虐殺は世界で非難されず、抗議もなく、問題にされなかった」という否定派の人たち

は、自分が歴史的な見方ができないことを告白しているようなものである。

――連盟総会は日本の中国侵略非難決議を採択

南京大虐殺否定派の田中正明氏は、自民党国会議員の歴史・検討委員会（山中貞則委員長、板垣正事務局長、衆参両院議員一〇五名参加）が「各方面の有識者の方々の御高見を拝聴、議員側からの意見、主張等を表明する目的で開催した検討会」（山中委員長の言葉）に招かれ、「『南京大虐殺』の虚構」と題して講演を行なった。氏は自著『南京事件の総括』（謙光社、一九八七年）の「第六章虐殺否定十五の論拠」の「（第十一の論拠）国際連盟も議題にせず」「（第十二の論拠）米・英・仏等から抗議もなし」「（第十三の論拠）米・英のマスコミ殆んど取り上げず」に基づいて否定論を展開したが、その中でこう述べた。

当時、国際連盟というのがありました。国際連盟は殆んど全員をあげて反日援蔣で、中国の味方でした。昭和十二年八月、国連第八回総会の時シナは北支事変を提訴し、「日本に抗議する対日宣言文」まで採択されました。[a] さらに翌十三年一月には、英・仏・ソ・中の四カ国による「支那事変問題の小委員会」をつくりまして、日本が広東・南京で軍事施設でないところに爆弾を落とした、けしから[b]

ん と言って抗議までしているんですが、しかし、一行も南京虐殺などということは書いていない（歴史・検討委員会編『大東亜戦争の総括』展転社、一九九五年、二六五頁、傍線は引用者）。

右の話は基本的事実に多くの誤りがある。先ず、傍線aに関する事実を記す。国際連盟（現在の国際連合を国連と略称するのと区別して普通は連盟と略す）は一九三七（昭和一二）年九月一三日から第一八回総会を開催、中国政府はその前日に日本の中国侵略を連盟に提訴した。この時点で日本当局は「北支事変」ではなく「支那事変」と改称しているから「北支事変」というのは不正確。連盟総会は九月二八日「都市爆撃に対する国際連盟の対日非難決議」を全会一致で可決、日本海軍機による上海、南京、広東など無防備都市への爆撃を厳しく非難した。一〇月六日、連盟総会は日本の軍事行動が九カ国条約［注1］と不戦条約［注2］に違反しているという判定を行い、連盟は中国を道義的に支援することを採択した。そして同年一一月三日から二四日までブリュッセルで開催された九カ国条約国会議では、日本の中国侵略を国際法違反であるとして非難、警告する宣言を採択した（詳しくは拙著『日中全面戦争と海軍――パナイ号事件の真相』青木書店、一九九七年、を参照のこと）。

このように、連盟総会で圧倒的に非難されながらも、国際道義的な孤立に動ずることなく、中国侵略を拡大し、南京攻略戦を強行していった日本のようなひどい国は、現在の国では譬《たと》えることができない。南京事件という一つの不法事件よりももっと根本的な日本の中国侵略戦争そのものが連盟総会で厳しく非難、抗議されているのを問題にすることもなく、非難決議に南京虐殺の一行がないと得意然としていう、田中氏ら南京大虐殺否定派の国際感覚のお粗末さには、慄然とする。世界は日本軍が南京を攻撃しようとしていることを抗議、非難したのである。日本がブリュッセル会議の非難と警告を受け入れて南京に侵攻しなければ、南京事件は起こりようがなかった。

傍線bの広東・南京爆撃への抗議の件は、一九三七年九月から一〇月に開かれた第一八回連盟総会の時、日中紛争諮問委員会が組織された時の話である。田中氏はこれを南京事件後の話に作り変えて虐殺否定の根拠にしているのである。田中正明編『松井石根大将の陣中日誌』（芙蓉書房、一九八五年）で、重要な部分を勝手に改竄《かいざん》して、南京大虐殺否定の根拠につかい、『〝南京虐殺〟の虚構――松井大将の日記をめぐって』（日本教文社、一九八四年）を書いた田中氏は、欧米諸国の言論・出版界ならば、あるまじき卑劣な行為をした作者として、当然放逐されていた人物であるが、日本では、なんと国会議員の研究会に「有識者」として招かれ、講演をしているのである。田中氏のウソ（他にもアメリカの新聞、世界中の新聞に南京大虐殺の記事はないと述べている）とお粗末な話を自民党国会議員が共感しながら「拝聴」している様を想像すると、喜劇というよりも日本の政治の悲劇を思わざるをえない。

当時の国際連盟で南京大虐殺の非難決議がなかったから、虐殺はなかったという説は、東中野修道『「南京虐殺」の徹底検証』（展転社、一九九八年）でも繰り返され、同氏は、一九三八年五月二七日の国際連盟の諮問委員会の決議文のどこにも「南京虐殺」は出てこない、「南京陥落から三ケ月にわたって喧伝された『南京虐殺』が国連に提訴されたという痕跡すらない。これは戦時国際法違反の処刑（即ち南京虐殺）が事実無根であったことを意味するのである」とまで断言する（同書、三四二頁）。（それにしても日本軍の南京攻撃そのものが国際条約・国際法に違反すると連盟総会で非難されているのに、戦時国際法違反はなかったと居直る東中野氏の厚顔無恥ぶりはいかがなものであろう。）

田中、東中野両氏とも歴史事件はすべて当時の背景を踏まえて考察すべきであるという歴史学の常識を知らない人たちである。一九三八年前半の国際連盟がどんな歴史状況にあったか。ここで詳述する紙数がないが、一九三七年一一月、イタリアが日独防共協定に参加したのにつづいて、翌月に連盟脱退、三八年一月フランス人民戦線内閣は末期的危機を迎え、三月ナチスドイツのオーストリア併合等々、まさに欧州大戦が今にも勃発しそうな危機情勢に直面していたのである。そうした中国にとっては不利な国際情勢の中で、中国代表の顧維鈞は、中国が日本に全面占領され、国民政府が消滅させられる可能性のある危機的状況において、列強からの中国援助と対日経済制裁をいかに引き出すかという、国運をかけた大きな問題に忙殺されていたのである。顧維鈞にとっては南京事件よりも中国滅亡の危機を阻止することの方が最重要関心事であった。さらに日本の中国侵略行為そのものが連盟総会とブリュッセル会議ですでに非難決議されている事実を忘れるべきではない。このような歴史背景の大状況も考えずに、「南京事件が連盟に提訴されなかったから南京大虐殺はなかった」と平気で断定する両氏は、歴史学的思考のできない人たちである。

第二次世界大戦の歴史展開にそえば、日・独・伊の枢軸国に対抗して連合国 United Nations が結成され、その連合国が東京裁判で南京事件を提訴して裁いたのであり、連合国が枢軸国に勝利した一九四五年に、戦前の連盟を継承・発展させるかたちで国際連合 United Nations になったという歴史の流れ、さらに一九五一年九月の連合国とのサンフランシスコ平和条約で日本は東京裁判の判決を受け入れ(第一一条)、独立と戦後国際社会への復帰を果たしたという歴史を忘れるべきではない。

――南京駐在の外交官は南京事件の報告を本国に送っていた

アメリカの国立公文書館の国務省文書の中には、当時の南京大使館から送信されてきた南京事件に関する膨大な資料が保存されている。その主要なものは『南京事件資料集

(1)アメリカ関係資料編』（前出）に翻訳、収録してある。その一つに、南京アメリカ大使館の外交官がまとめたエスピー報告「南京の状況」（一九三八年二月二日郵送）がある。同報告書には、日本軍の残虐、掠奪、暴行を記録した南京安全区国際委員会の記録も添付されており、南京事件に関するまとまった報告書である。アメリカが主導した東京裁判で南京事件が裁かれたのはこのようなアメリカ国務省記録による裏付けがあったからである。

当時の駐日アメリカ大使ジョセフ・C・グルーは、一九三八年二月一〇日の日記に、「南京に侵入した日本軍の言語に絶した残忍と、彼らの放恣な米国諸権利の侵害が伝わって来た」「中国人は大体無差別に殺され、多数の中国婦人が凌辱された」「大量死刑や殺人や女子凌辱」が行なわれた、と記している（ジョセフ・C・グルー『滞日十年』上巻、三二二頁、毎日新聞社、一九四八年）。グルーは、南京の大使館員ジョン・M・アリソンが日本兵の婦女凌辱の現場調査に出掛けて日本軍将校に殴打された事件や、南京のアメリカ人財産の掠奪・破壊については、日本政府に強く抗議している（グルー文書――ハーバード大学ホートン図書館所蔵）。これだけ事実を紹介しても「グルー大使は南京大虐殺全体について日本政府に抗議をしていないではないか」という頑迷な否定派が必ずいるので、日本政府と外交関係を険悪化させてまで南京事件そのものに全体的に抗議をするのは、グルーの職権を逸脱しており、まずはありえなかったことを、蛇足ながら指摘しておく。

南京事件に関するまとまった記録を本国に送信していたもう一つの国はドイツである。ドイツ大使館南京分館のローゼン書記官は、日本軍の南京における残虐行為を詳細に記録した報告書をまとめ、一九三八年二月一〇日付けでドイツ外務省に送っている。そのさい、アメリカ人牧師マギーが密かに撮影したフィルムを「身の毛もよだつようなドキュメントであり、総統にもぜひ映画を解説翻訳文とともにごらんになっていただきたい」と送付した（報告書の概要は、本多勝一「ナチ＝ドイツをも驚愕せしめた南京大虐殺事件」『本多勝一集21』朝日新聞社、一九九七年、に紹介されている）。ローゼン書記官は膨大な南京事件の報告を本国に送付しており、同文書はドイツ連邦共和国文書館（ベルリン）に在華ドイツ大使館文書として保管されている。

南京安全区国際委員会委員長として、日本軍占領下の南京に踏みとどまり、生命の危険を顧みずに、市民と難民、とりわけ女性を日本軍の暴虐から守るために獅子奮迅の活躍をしたドイツ人ジョン・ラーベは、一九三八年二月末、ジーメンス本社の帰国命令で南京を離れ、四月にベルリンに到着した。ナチス党員であったラーベは、南京で目撃した南京事件の真相を、ヒトラーをはじめドイツ政府の指導者に知らせ、日独の緊密化しつつある関係を利用して、日本軍の不法、残虐行為を阻止する方法を模索した。そして最後はヒトラー宛に「南京事件・ラーベ報告書」（翻訳は片岡哲史訳で『季刊　戦争責任研究』第一六号に所収）を提出したのである。そのためラーベはヒトラーが同盟関係を推進しようとしていた日本軍の残虐行為を書いたかどで、ゲシュタポ（国家秘密警察）に逮捕、尋問されたが、南京事件について言論活動をしないことを条件に釈放された（詳細は、拙稿「発見された南京虐殺の証言――ヒトラーにあてたナチス党員ジョン・ラーベの報告と日記」『世界』一九九七年九月号）。

ラーベは、敗戦後にナチス党員であったことが問われて審査にかけられ、不遇な生涯を終えるが、彼が人生を賭けた記録が「ラーベ日記」（エルヴィン・ヴィッケルト編・平野卿子訳『南京の真実』講談社、一九九七年）だった。

日本語訳の『南京の真実』が、日記原資料そのままではなくエルヴィン・ヴィッケルトの編集による上、訳出に省略をしたり厳密さを欠いたところもあって、詳細に原資料と照合すると記述の矛盾、齟齬がある。そこを針小棒大に取り上げて、ラーベが日記を書き替えて南京事件を捏造した反日陰謀家であるかのごとく主張してはばからないのが東中野修道氏で、それを受け売りして、「『南京の真実』は真実でない」（『新ゴーマニズム宣言　第5巻』小学館、一九九八年）を書いたのが小林よしのり氏である。ラーベの命と生涯をかけた人道的行為に対して、悪意をもって誹謗中傷するだけしかできない彼らの貧困な精神ぶりは、彼ら自身が人道主義や正義心、良心に基づいて行動する人間とは無縁な人々であることの証明であるといえよう。

——年鑑を「一等史料」という荒唐無稽な否定論

谷内謙『現代史を学ぶ』（岩波新書、一九九五年）は歴史学でいう第一次史料について、こう説明している。

> 歴史家は、「第一次史料」とよばれる史料がとくに基本的な史料である、「第一次史料」に基づかない歴史記述は信頼できない、とよくいいます。第一次史料とは、原史料あるいは根本史料といわれることからも分かるのですが、歴史家によって加工される以前の原材料、引用される以前の「もとにある」史料のことであり、大体において歴史的出来事と同時代に作成された記録です（一五六頁）。

本稿でもその一端を紹介してきたように、日本軍の占領下の南京にいて、南京事件を目撃したり、見聞した外国人のジャーナリスト、宣教師、外交官たちの記録文書こそ歴史学でいう「第一次史料」なのである。私はアメリカでそれらの史料を収集して前掲資料集にまとめ、それらを日本軍側史料、中国側史料と照合させながら厳密な史料批判を加えて、『南京難民区の百日』（前出）や『南京事件』（岩波新書、一九九七年）の歴史書を叙述した。

東中野修道『「南京虐殺」の徹底検証』の「第十四章『南京虐殺』追跡調査」では、こうした歴史学研究の基本には無知なのか、英字年鑑『チャイナ・イヤーブック』『チャイニーズ・イヤーブック』を公式記録にもとづく「歴史学でいう一等史料」と独断的に決めつける。そして英字新聞や雑誌に記録されていた南京虐殺や虐殺数の記載が年鑑の記述の段階になって削除されていることが、「公式記録において南京虐殺は否定された」こと、つまり歴史事実としてなかったことを意味すると結論する。たとえば、東中野氏は、『チャイナ・イヤーブック』（中国語名は『中国年鑑』）の版元の新聞社が発行する『ノースチャイナ・デイリーニューズ』の一九三八年一月二二日付けに一万人南京虐殺の記事が掲載されていたのに、一九三八年二月二日付け序文のある『中国年鑑』一九三八年版に、「一九三七年一二月一三日　日本軍南京占領」とあるだけで虐殺の記述がないから、前者は後者によって否定されたと断定する（三三五頁）。さらに同年鑑の「過去の主な出来事」に南京大虐殺の記述がないから「『南京虐殺』はなかったのである」とまで断言する（三三六頁）。

『チャイナ・イヤーブック』一九三八年版（現物は東洋文庫にある）は一般向けの年鑑類と同じように、一九三七年後半に原稿執筆、校正、印刷という作業が進められ、一九三八年の新年初頭の発売を予定していたものが、日中戦争の勃発、とりわけ上海戦の長期化の影響を受けて、編集作業が遅れたと思われる。第一九章「日中戦争」の一九三七年の出来事の略年表の欄のそれこそ最後の一行に「一二月一三日　南京日本軍に占領される」とあるだけである。一二月一二日のパナイ号事件の発生の記述だけで、欧米人に関心のあるパナイ号事件の死傷者の数も書かれていない。上記の一行は校正段階でぎりぎりに加筆されたことが分かる。

『チャイナ・イヤーブック』一九三八年版が上海において、校正、印刷、製本という出版の最終段階に入っているときに、南京事件はまだ進行中だったのであり、同版に記載することと自体が物理的に不可能であった。東中野氏の指摘する編集者H・G・W・ウッドヘッドの序文の日付は、編集作業の最終段階に付すもので、その日付から同版の原稿が書かれたことを意味するのではない。それなのに、同版に南京虐殺の記述がないことは、『ノースチャイナ・デイリーニューズ』(一九三八年一月二二日)の「その八日前の一万人虐殺」報道が削除(否定)されたのだと氏は自信満々に断言する。氏は、活字拾いを始めとして多くを手作業によった当時の年鑑編集作業に原稿執筆から製本出版までどのくらいの期間を要したと思っているのであろうか。

上記のような南京事件を記載できない状況だったにもかかわらず、同版の「過去の主な出来事」に南京虐殺の記載がないから、なかったと断定するくだりはまさに噴飯ものである。東中野氏流の解釈では、ある年の暮に大事件が発生したとしても、翌年の初頭に出版、発売される新年度の年鑑に記載されていなければ「なかった」ことになる。

氏はさらに歴史学でいう第一次史料を「四等史料」「五等史料」と決めつけ、こう断定する。

「南京虐殺」は、四等史料と五等史料によって成り立っている。南京で「何人虐殺」と認定せる記録は一つもないのである。ない限り、「南京虐殺」はグローバルな共同幻想に止まるのである（三六二頁）。

『チャイナ・イヤーブック』一九三八年版は、総頁五九三、二九章にわたって、中国の地理、風土、経済、政治、文化、健康、娯楽、などが記載されている。東中野氏が南京事件の否定に引用したのは、第一九章「日中戦争」の全部で三一頁にすぎない部分である。一般向けに出版されている『チャイナ・イヤーブック』などの年鑑類を「これが一等史料」と振りかざし、「これらに記載されていない新聞報道や記録資料、証言記録はウソであることが証明された」と得意になっているのが、東中野氏なのである。

南京事件の事実を証明する膨大な第一次史料の存在を知りながら、英字年鑑に南京事件の記述がないから南京虐殺は否定されたという荒唐無稽な発想への批判は、他の英字年鑑 *China Handbook 1937-1945*, The Macmillan Company, 1947. に南京事件について記述されているのを紹介するだけで十分であろう。

「南京戦　一九三七年一二月四日―一三日」の項

南京占領後、侵略者たちは外界との交通通信手段をすべてカットして、南京における組織的な掠奪を開始した。日本軍が南京において行なった大量虐殺、強姦、殺人、全体的な残虐と掠奪は、近代史上他に類をみないものであった（三〇三頁、翻訳は引用者）。

東中野氏の著書から、氏は南京事件の事実を証明する膨大な第一次史料を見ていることが分かるが、それにもかかわらず、世界周知の南京事件を「『南京虐殺』はグローバルな共同幻想に止まる」という思いこんでいる氏は、中山治『日本人はなぜ多重人格なのか』（洋泉社、一九九九年）が指摘する「妄想」に駆られ、合理的説得をいっさい受け付けない日本人を想起させる。

今なお地球は平らであるとかたくなに信じている人たちがいる。そういう人に、「地球は丸いのです」と言って月から地球を写した写真を見せても、「いや、この写真はコンピュータ・グラフィックスでつくった捏造写真で、地球は平らである写真はじつはNASAが隠しているのです」といった理屈を並べて、決して自分の信念に疑いを抱かないのである。これが妄想の怖さなのである（二〇六頁）。

［注1］　九カ国条約は、一九二二年二月にワシントン会議において、米・英・仏・中国・日本などの九カ国によって調印された中国に関する条約。中国の主権・独立とその領土的・行政的保全の尊重を規定していた。

［注2］　不戦条約はブリアン・ケロッグ条約ともいう。仏外相ブリアンが提唱、米国務長官ケロッグが国際条約として締結すべきことを提案して実現した。戦争放棄に関する条約で、締約国間の紛争を、戦争ではなく平和的手段によって解決することを申し合わせた。一九二八年八月パリで調印、日本は二九年六月に批准。中国も調印国であるから、日本の中国に対する侵略戦争の発動は条約違反であった。

第４章

第４のウソ

中国でも報道されず、蔣介石も毛沢東も問題にしなかった

当時の中国政府と中国共産党の文書には
南京虐殺は出てこないから、南京大虐殺がなかった——。
こうした虐殺否定派の言い分は、
虐殺の記述がない文献ばかりを集めた詐欺的資料操作に基づいていた。
蔣介石の日記や中国共産党の論説「日本侵略者一年来の暴行」にある
記述をもとに、虐殺否定派のトリックを解明する。

4.

戦争当時中国でも問題にされていた

——中国側の資料に言及がない＝虐殺はなかった？

井上久士

南京虐殺否定派の主張のなかに、当時蔣介石も毛沢東も南京虐殺についてふれていない、だから南京虐殺はなかったという説がある。

東中野修道氏は『チャイナ・イヤーブック』一九三九年版から蔣介石の一九三八年七月七日の「友好国への声明」をとりあげてみせる。そのなかで蔣介石は「日本人の残虐行為」にふれているが、例としてあげているのは広東の事例であり、南京ではない、したがって「やはり、『南京虐殺』は起きていなかったのである」というのである（『「南京虐殺」の徹底検証』展転社、一九九八年、三四五－三四六頁）。

中国共産党については、毛沢東の「持久戦について」(一九三八年五月二六日－六月三日)、『抗日軍政大学の動態』(一九三八年八月刊)、項英「新四軍の抗戦一年来の経験と教訓」(一九三九年一月一日)をとりあげている。東中野氏によれば、毛沢東は「持久戦について」のなかで、「南京の日本軍は支那軍を包囲しながら殲滅《せんめつ》(皆殺し)しなかった、それが支那軍に態勢を整え直して反撃する機会を与えたから、戦略としては日本軍はまずかった」と論じており、これは「要するに、袋の鼠となった城内の支那兵を日本軍は皆殺しにしなかった」ということで、毛沢東は「南京の日本軍による三十万人皆殺し説を否定していた」ことになるそうである(同書、三四〇、三七九頁)。また『抗日軍政大学の動態』のなかにも南京虐殺は「一言半句の言及もな」い、項英の文章にも言及がない、だから虐殺はなかったと主張する(同書、三五一－三五二、三五四頁)。

まったく恐れ入った議論である。声明や報告や論文にはそれぞれその対象と目的がある。南京の情報がどれほど伝わっていたのかも重要である。それらを無視して拾い集めた当時の文章のなかに、直接南京虐殺がふれられていなかったからといって、南京虐殺がなかったことの証明に全然ならないことは、小学生にもわかる道理である。

しかしこうした説得力のない形式論理――いや論理というより没論理――は、東中野氏に限ったことではない。かつて田中正明氏も中国国民党の臨時全国代表大会(一九三八年三月二九日－四月一日、漢口で開催。田中氏はこれを「一九三七年三月中華民国の臨時全国代表大会（臨時国会）」と記している。三七年は三八年の単なる誤植かもしれないが、国民党の臨全大会を臨時国会とするなど中華民国の政治制度についての無知からきた明らかな誤りである）に提出された何応欽の軍事報告に虐殺はふれられていない、中国共産党側の『抗戦中の中国軍事』にもふれられていないと述べて、虐殺がなかったことの証明にしようとしていた（『〝南京虐殺〟の虚構』日本教文社、一九八四年、五五－五八頁）。こうしたやり方が有効であるならば、虐殺にふれていない当時の文献などいくらでもあげられる。そもそも抗日戦争に関する当時の中国側文献のすべてに、南京の虐殺が書かれているはずがないではないか。

では当時の中国国民党や中国共産党は南京の虐殺についてまったく沈黙していたのであろうか。まず東中野氏のとりあげている文献から検討していこう。

——蔣介石はどう言及していたか？

蔣介石は一九三八年七月七日、すなわち日中戦争（中国からすれば抗日戦争）一周年に際して、「全国の軍隊と国民に告げる書」「世界の友邦に告げる書」「日本国民に告げる書」という三つの文章を発表している。これらは『抗戦一週年』（浙江省抗日自衛委員会戦時教育文化事業委員会発行、一九三八年初版、一〇月再版）に載っているし、今日、中国国民党中央委員会党史委員会編で台湾から出版されている蔣介石の著作集『総統公思想言論総集』

の三〇巻にも収録されている。東中野氏は『チャイナ・イヤーブック』一九三九年版の英訳版から引用しているが、ここでは原文に沿う意味で中国語原文を利用する。

さて東中野氏はそのうちの「友好国への声明」すなわち「世界の友邦に告げる書」のみを取りあげて、ここでは南京のことにふれていない、広東（正確には広州市）の空襲しか例示されていない、だからやはり南京虐殺はなかったと自信満々でおっしゃっている。だが、東中野氏の引用に即したとしても、蔣介石が一九三八年七月当時焦眉の問題となっていた広州市の空襲を日本軍の暴虐行為の一例としてあげたことは、普通に文章を読めば理解できる。それをもって南京虐殺などなかったと蔣介石が認識していたと解釈する後世の日本人がいると知ったら、蔣介石自身もさぞあの世でびっくりすることだろう。

ところで蔣介石は「日本国民に告げる書」でいったい何を言っているだろうか。そこでは戦争開始以来、日本は人的・財政的・物的損失を蒙っただけでなく、精神道徳の喪失を招くことになったとして、次のように述べている（以下、中国語文献の引用は井上訳）。

> 貴国の出征将兵はすでに世界で最も野蛮、最も残酷な破壊力になっていることを諸君は知っているだろうか。貴国がいつも誇っている「大和魂」と「武士道」はすでに地を払い消滅してしまった。毒ガス弾ははばかることなく使用され、麻薬販売は公然とおこなわれ、すべての国際条約と人類の正義は貴国の中国侵略軍

によって乱暴に踏みにじられてしまった。そのうえ一地区が占領されるごとに放火・略奪の後、遠くに避難できないわが無辜の人民および負傷兵に対し、そのつど大規模な虐殺をおこなった。〔中略〕

とりわけ私が実に口にするのも耐えられないが、言わざるを得ない一事は、すなわちわが婦女同胞に対する暴行である。十歳前後の少女から五、六十歳の老女までひとたび毒手にあえば、一族すべて逃れがたい。ある場合は数人で次々に辱め、被害者は逃げる間もなく呻吟して命を落とし、ある場合は母と娘、妹と兄嫁など数十人の女性を裸にして一堂に並べ強姦してから惨殺した。……このような軍隊は日本の恥であるだけでなく、人類に汚点を留めるものである。……

蔣介石は無差別爆撃を非難する一例として広州をとりあげているが、その前に日本軍の放火・略奪・虐殺を非難している。さらに婦女暴行についても糾弾している。蔣介石は南京の名前こそ出していないが、明らかに南京での出来事を念頭に言及しているのである。一九三八年七月の時点で放火・略奪・虐殺・強姦が最も多く報道され、知られていたのは南京以外にない。さらに蔣介石は一九三八年一月二二日の日記に「倭寇〔日本軍〕は南京であくなき惨殺と姦淫をくり広げている。野獣にも似たこの暴行は、もとより彼ら自身の滅亡を早めるものである。それにしても同胞の痛苦はその極に達している

のだ」と記しているのである（『蔣介石秘録』一二巻、サンケイ新聞社、一九七六年、七〇頁）。

また、中国国民党機関紙『中央日報』の一九三八年一二月一四日の南京陥落一周年の記事にも、日本軍が「同胞二十万の血を奪った」と記している。

ところが東中野氏は蔣介石の「世界の友邦に告げる書」だけをとりだし、そこに南京の文字がないことを鬼の首をとったように述べているが、南京のことを実質的に語っている「日本国民に告げる書」などについてはなにもふれない。「日本国民に告げる書」の存在を知らないのなら、不勉強というほかないし、もし知っていてふれなかったのなら、まことに詐欺的史料操作であると同時に、史料を挙げながら逆にその史料の言わんとするところをまったく理解していないことを自己暴露する結果になっているのである。

――毛沢東や中国共産党は何も知らなかったのか？

次に毛沢東や中国共産党はどうであろうか。東中野氏の「毛沢東は、南京虐殺がなかったと認識していた」（三七八頁）というのも実に牽強付会の議論である。蔣介石以上に毛沢東もあの世で怒り出すにちがいない。

中国共産党の刊行物のなかで、最も早く南京大虐殺に言及したものは、当時武漢で発行されていた週刊誌『群衆』である。その第一巻第四期（一九三八年一月一日発行）の「短評」欄に「人類のともに斥けるべき敵軍の暴行」と題する文章が掲載されている。その文章は次のように書き出している。

敵軍の暴行は最近開始されたものではなく、「九・一八」〔満州事変の発端となった柳条湖事件〕以前にすでに各種の残虐事件がひきおこされ、わが民衆が虐殺された。「九・一八」に敵軍がわが東北・華北ではたらいた残虐な行為は、すでに世のともに知るところとなっている。しかし、南京・上海沿線、とりわけ南京市の大虐殺は、人類有史以来空前未曾有の血なまぐさい残虐な獣行記録をつくることとなった。これは中国の全民族に対する宣戦にとどまらず、全人類に対する宣戦でもある。敵の凶悪な残忍さは、人道と正義を血で洗い、全世界・全人類の憤怒と憎悪をよびおこした。

ここには、南京におけるできごとは一部の不心得者による脱線行為とか、一般的に戦場でよく起こる事件などとは性格を異にする「人類に対する犯罪」であるとの認識が示されている。この一文は、以下、日本軍の無規律状態を指摘し、こうした行動が列強の対日姿勢を強硬にするであろうこと、日本国内でもさまざまな齟齬が起こるであろうことを述べて、最後に、「敵軍は大虐殺によりわが民族に脅威を与えたいと思っているが、これは絶対に成功することはできない。〔われわれは〕けっしてこのために恐れて屈服などしないであろうし、さらに奮起して積極的に抗戦に参加し、国土を守り、自分を守り、さらに人類の生存のため、世界の正義のために戦うであろう」と結んでいる。

ここから明らかなように、一九三七年の末、南京大虐殺の報はその詳細はともかく、武漢で周知のこととなりつつあり、当地の中国共産党はこれをすでに「全人類に対する宣戦」と受けとめていたのである。

南京大虐殺の報道記事は、一九三八年一月一一日に創刊された中国共産党長江局の機関紙『新華日報』にも掲載された。それらの報道は国民党系の中央通訊社の配信記事を利用しているので、『大公報』など一般紙の記事と大きなちがいはないが、武漢の中国共産党が当時から南京虐殺の事実を認識していたことは確実である。当時武漢にいた周恩来や王明のような中国共産党の幹部が、この事件のことを知っていたのは当然である。

では、延安の中国共産党本部や毛沢東はどうだったのであろうか。

中国共産党の本拠地延安で発行されていた陝甘寧辺区政府機関紙『新中華報』(三九年二月から中国共産党機関紙となる)はやや遅れてその第四四三期(一九三八年六月三〇日)に「日本侵略者一年来の暴行」と題する論説を掲載している。そのなかの「虐殺」の項目には、「一、今年一月南京城の日本侵略軍は紫金山麓で殺人競争を行ない、先に一五〇人を殺した者を優勝とした。二、本年一月までに長江下流一帯で敵に惨殺された同胞は三〇万に達した」とあり、「掠奪」の項目には、「一、南京陥落後、軒なみの捜索を、それも一軒に必ず七、八回捜査をし、そうした狂ったような掠奪が二〇日にも達し、掠奪事件は二万件に及んだ」と述べられている。この記事から少なくとも三八年六月には延安で南京虐殺が知られていたことが確認できる。

しかし当時の通信事情から延安への情報はあまり早くなく、その上必ずしも正確でなかったようである。右の記事の内容でも、殺人競争は二人の日本兵が行なったと日本の報道にあったものが、多数の日本兵がこれに参加したかのような印象を与える記事になっている。毛沢東が「持久戦について」を講演したのは五月下旬から六月上旬であったから、その時点で毛が南京虐殺の情報を得ていたかどうかは微妙なところかもしれない。しかし、それは「毛沢東は、南京虐殺がなかったと認識していた」のとはまったくことなる問題である。

たとえば、延安時事問題研究会編『中国占領区の日本帝国主義』(中国語原文『日本帝国主義在中国淪陷区』)という資料集が、時事問題叢書第二集として一九三九年に、延安の解放社から出版されている。この本は第一編が占領区の経済侵略、第二編が占領区の政治支配、第三編が占領区での日本軍の暴行となっている。第三編は地域ごとの暴行についての資料を収録しており、南京については『申報』一九三八年一一月二八日掲載の安全区国際委員会の資料を載せている。同書の前書きは毛沢東の執筆である。一九三九年一〇月一日の日付がある。「占領区を研究しよう」と題するその前書きは、要するに「調査なくして発言権なし」という立場からこの資料集をひとつの材料に、日本軍占領区の状況をよく研究してほしいという内容である。ここからも前書きを書いた毛沢東自身が南京の虐殺を知らなかったはずはないことがわかるのである（この問題について詳しくは、拙稿「南京事件と中国共産党」『南京事件を考える』大月書店、一九八七年、所収を参照されたい）。

東中野氏はおそらく図書館で日本国際問題研究所中国部会編『中国共産党史資料集』（勁草書房、一九七〇－七五年）の第九巻を見てその事項索引から南京の項目を調べ、「持久戦について」や項英の論文を見つけたのであろう。そこに直接南京虐殺がふれられていないのを発見して、喜んでとびついたにちがいない。しかし直接当時の中国の新聞・雑誌にあたっていただきたいものである。

ところで中国が南京虐殺を当時から問題にしていたことを示す資料をもうひとつ紹介しよう。南京撤退後、国民政府は遷都した四川省の重慶にすぐに移ることはせず、政府の主要機関は湖北省の武漢に移動した。一九三八年一〇月の陥落まで武漢が実質的な首都であった。その武漢（武昌・漢口）から日本人向けに日本語放送を行なっていた。この放送はもともと南京から発せられていたもので、それが武漢に移転したのである。その放送を日本側が傍受し、内閣情報部が『蔣政権下の抗日デマ放送』と題するタイプ印刷の極秘資料としてまとめている。

その一九三八年三月一〇日の日本語放送は、「日本軍の蛮行」と題するもので南京の難民から漢口の友人に最近寄せられた手紙によるとして、「私は昨年日本軍が南京に侵入した時から種々日本軍の暴行を受けました、日本軍は十二日朝南京に入城しましたが入城するや日本軍は家宅を捜査して家を焼き払ひ益々ひどくなつて中国人を殺しました、我々難民中一万は殺され四千は捕へられ又食ふに食がなく餓死するもの一日五百名に上る有様であります」「城内保安隊四千は戦死したかと思つて居たが護送され途中機関銃で殺され手榴弾で爆殺されました、その残酷なる事殆ど猛獣と異ならぬ有様で池の中には殺された屍体が七万余りと云はれて居り敵は入城するや直ちに七、八ヶ所に放火し襲撃し破壊しました、そして米、独の保護の下に集まる者が多くありました」「日本人は強姦を濫にし人の居る所でも何んでもかまはず平気で行ひます」などと生々しく伝えている。この内容は、『大公報（漢口）』三月九日付けの中央通訊社配信の記事と内容が重なっている（南京事件調査研究会編『南京事件資料集(2)中国関係資料編』青木書店、一九九二年、五〇-五二頁）。おそらくこの記事が放送原稿の元になったのであろう。ただしこうした南京の虐殺を伝えるニュースが新聞だけでなく、日本語放送という形式で当時すでに流され、内閣情報部がこれを記録にとどめていたことは注目する必要がある。

最後に、最近、鈴木明氏が『新「南京大虐殺」のまぼろし』（飛鳥新社、一九九九年）を出版したのでひとことふれておきたい。この本で鈴木氏は、南京大虐殺は著名なアメリカ人ジャーナリスト、エドガー・スノーが『アジアの戦争』（一九四〇年）ではじめて世界に広めたのだと言いたいらしい。アメリカに南京虐殺がどのようなイメージでどのように伝えられたかということはそれ自身興味深い論点ではある。しかし中国でもアメリカでも事件当時から新聞で報道されていたにもかかわらず、鈴木氏は当時の新聞報道には無関心である。スノーの役割はあったとしても、事件の伝えられ方はもっと複合的であったはずである。南京虐殺そのものについてもこの本はほとんどふれていない。鈴木氏は、南京事件の事実の解明の努力を「中国側が出してきた資料の多くは裏づけがなく」「政治的」だとしてはじめから放棄している（三二四頁）。ところが一方で何ら実証もないまま「世界の戦闘行為の中で、この程度の『事件』が行われなかった例はほとんどなく、とりたてて『世紀の大虐殺』といわれるほどのものではなかった」（四九八頁）と平然と書く。「この程度の事件」で生命を絶たれた人々を思いやる人間的感性も鈴木氏はもちあわせていないようだ。「南京大虐殺論争」の仕掛け人を自ら任じながら、その後の南京事件についての研究（それがどのような立場のものであれ）を一切無視して鈴木氏の著作はなりたっている。そうでありながら自著に『新「南京大虐殺」のまぼろし』と大真面目につける鈴木氏のタフな精神には啞然とせざるを得ない（なお、鈴木氏の著作の問題点については、吉田裕「『新「南京大虐殺」のまぼろし』の誤り」『週刊金曜日』一九九九年八月二七日号を是非参照されたい）。

第5章

第5のウソ

三〇万人虐殺は
当時の南京の人口二〇万人
より多い
南京大虐殺の目撃者は
誰もいない

「人口二〇万人の都市で三〇万人を殺せない→南京大虐殺は虚構である」

という否定派の論法にはまやかしがある。

なぜなら三〇万人が虐殺されたなどと東京裁判でも主張されてはいなかったし、

当時の南京の人口が二〇万人だったということも本論でみるように事実ではない。

否定派が「数の論争」にこだわるのは、正確な犠牲者数が不確定であることを

虐殺の事実そのものがなかったことにすりかえようとしているのだ。

5.

数字いじりの不毛な論争は虐殺の実態解明を遠ざける

笠原十九司

――「三〇万人虐殺でなければ南京大虐殺ではない」というトリック

南京大虐殺事件の事実を否定したがる人たちがいちばん強調するのが、「当時の南京の人口は二〇万人であったから、中国のいう南京大虐殺三〇万人はありえない」という主張である。そして「当時現場にいた日本軍将兵の誰一人として、南京城内に二〇万、三〇万人の死体が散乱している場面など目撃していないし、聞いてもいない、それが南京大虐殺がなかった何よりの証拠である」という。

たとえば、南京大虐殺否定派（否定派と略称）の説をそのまま受け売りして彼らの「広告塔」になっている小林よしのり氏の『戦争論』（幻冬舎、一九九八年）は「南京大虐殺三

○万人説は完全に破綻している」としてこう記している（漫画のキャプションのみ）。

東京裁判で捏造された日本の犯罪の一つが南京虐殺である。アメリカが原爆で虐殺した広島・長崎の一般市民三〇万人と釣り合うくらいの日本人の戦争犯罪が欲しかったのだろう。

三〇万人大虐殺というが、南京には当時、二〇万人しかいなかった。三〇万人殺すには原爆を二個落とさねばならない。とても日本軍の銃や銃剣ではムリ。

南京の人口は、日本軍の南京入城から一ヵ月後二五万人に増えている。外国人ジャーナリスト、日本の新聞記者もそこにいっぱいいたのにだれも虐殺など見ていない（四四－四五頁）。

石原慎太郎東京都知事が国会議員であった時に、アメリカの『プレイボーイ』誌の記者のインタビューに答えて次のように南京大虐殺を否定したことがある。

記者――〔石原氏がアメリカの原爆投下を批判したのに対して〕日本の歴史は、それほど血にまみれてはいないと言うのですか？　日中戦争の最中のあのすさまじい大量虐殺は絶対に正当化できませんよ。

石原――どこで日本人は虐殺をしました?
記者――たとえば一九三七年の南京大虐殺です。一〇万人以上の民間人が虐殺されました。
石原――日本軍が南京で虐殺をおこなったと言われていますが、これは事実ではない。中国側の作り話です。これによって日本のイメージはひどく汚されましたが、これは嘘です(『プレイボーイ』(月刊・日本語版、一九九〇年一一月号、三三頁)

ところが後に、南京事件の事実そのものは否定できないことを悟った石原氏は、「犠牲者三〇万人という南京大虐殺は虚構」と次のように自説を修正するようになった。

南京での軍による不法な殺人については日本の関係者もほとんど認めてはいても、問題はその数です。
断っておきますがその数がいわれているものの十分の一だろうと百分の一だろうと、不法な殺人はもとより人道にもとるし、虐殺は虐殺でしかありません。そして私は日本軍が当時大陸で残虐な行為をまったく行わなかったなどというつもりもない。しかし、いわれているような、ごくごく限られた時間帯に三十万という市民や捕虜を殺戮するというのは異常極まりない話で、戦争は無残なものといいながら、それ以上に身の毛のよだつ話です(石原慎太郎「日本を陥れた情報空間の怪

――南京事件・北方四島・尖閣列島問題の虚構」『文藝春秋』一九九一年一月号）。

石原慎太郎氏の南京大虐殺「虚構説」から「三〇万人虐殺虚構説」への軌道修正は、南京大虐殺があったか、なかったかをめぐって展開されたいわゆる「南京大虐殺論争」の結果（拙稿「南京大虐殺と歴史研究」拙著『アジアの中の日本軍』大月書店、一九九四年、所収、および本書第13章参照）、完全に敗退した後の否定論の軌跡と同じである。南京大虐殺の事実そのものは否定できなくなった否定派は、中国側のいう南京大虐殺三〇万人は「虚構」であると強弁することによって、あたかも南京大虐殺そのものが「虚構」「まぼろし」であるかのごとく錯覚させようというのである。

石原氏が「あの裁判（東京裁判）で私たちは突然寝耳に水のかたちで南京における三十万の非戦闘員の大虐殺を報らされ仰天しました」（石原慎太郎「『南京大虐殺』の虚構――歴史の改竄を排す」『諸君！』一九九四年七月号）と述べ、さきの小林よしのり『戦争論』にも「東京裁判で南京大虐殺三〇万人を捏造《ねつぞう》」とあるのはどちらもウソで、東京裁判の判決文では「南京とその周辺で殺害された一般人と捕虜の総数は、二十万以上であったことが示されている」としているだけである。東京裁判で三〇万人虐殺が判決されたというのは、「南京大虐殺は東京裁判でデッチ上げられた」というためのトリックである。

――「数の論争」のトリック

南京事件における犠牲者数の問題について具体的に論ずる前に、「数の論争」に仕掛けられたトリックならびに「落とし穴」について指摘しておきたい。

広島・長崎の被爆犠牲者総数をめぐって厳密にはまだ異論が存在しても、「数の問題が確定されなければ、広島・長崎に原爆が投下されたかどうか分からない」という愚論をはく人はいないであろう。しかし南京大虐殺については、石原氏の「三〇万人虐殺が証明されなければ、南京大虐殺は虚構である」という主張のように、それに類したことが言われている。

南京大虐殺事件における犠牲者数の問題（数の問題と略称する）は、事件の規模と実態を知るために重要な問題である。しかし、数の問題を考えるにはまず、南京事件の歴史事実を認定する必要がある。次に残虐事件のさまざまな実態と被害者の様相など広範で多様な事例に則して具体的に認識していく。そして南京大虐殺のイメージをしっかりと捉えたうえで、規模と全体像を認識するために総合的に数の問題を考える、という認識の順序がある。否定派が仕掛ける「数の論争」のトリックは、今となっては数の問題に正確な結論は出せないということを利用して、数の問題が解明されなければ南京大虐殺も「まぼろし」「虚構」であるかのごとく思わせ、実態認識にいたろうとする思考の道を妨げるところにある。

数の問題に明確な結論が出せないのは、本格的な調査機関による調査を実施する歴史的条件がなかったために同時代の公的調査資料がないからである。一九九五年一月一七日の早朝に発生した阪神大震災では、最初のテレビのニュースでは「犠牲者は五、六百人か」という報道をしていた。現地被災者の認識もその程度であったが、それが死者六三〇〇人を超える大惨事であったと判明したのは、自治体、消防庁、警視庁などの専門の調査機関があり、情報手段の発達があったからである。それでも全体数が判明するまでに一、二か月は経過していた。南京事件の場合、本格的調査とそれに類した統計資料の存在が絶望的であるのは、以下の歴史的理由による。

(1) 南京戦に参加した日本軍部隊の戦闘詳報、陣中日誌などの多くが、敗戦前後に連合軍の追及を恐れた軍部の命令により証拠隠滅のために焼却されてしまった。現存し公開されているのは、全部隊の三分の一程度にすぎない。戦闘詳報、陣中日誌、それに将兵個人がつけていた陣中日記からは、各部隊が殺害した中国兵（その中に民間人も含まれている）の数はだいたい記録されている。日本軍側の証拠資料の焼却、処分、隠匿が、数の問題の解明の最大の障害となっている。

(2) 南京事件発生後日本敗戦の一九四五年八月までの七年半、南京は日本の占領下におかれたため、中国政府や中国人機関が全体的な犠牲者調査をすることは不可能であった。いっぽう、南京を占領統治した日本当局が中国人の犠牲者数の調査をすることなどありえなかった。後に引用する金陵大学（現南京大学）社会学教授ルイス・S・C・スマイスが助手を使って実施した「南京地区における戦争被害――一九三七年一二月から一九三八年三月」の調査が唯一のものであった。

国民政府は抗日戦争（日中戦争）勝利後、一九四六年二月から南京軍事法廷を開き、南京市政府の抗戦損失調査委員会に調査資料を作成させたり、南京軍事法廷の判事・検察側でも埋葬記録の現地調査などを多く行ない、多数の証言資料を収集、それらを総合して「被害者総数三〇万以上に達す」という判決を下し、四人の将校に死刑を宣告した。これが中国側のいう「三〇万人虐殺」の根拠になっているが、我々としては、南京軍事法廷の裁判関係資料がすべて公開されていない現状では、その資料的根拠を厳密に検討することはまだできない。

以上の理由で数の問題の厳密な解明は今となっては不可能であり、今後は日本側の記録、日本軍兵士の証言、中国側の調査記録の公開と収集など、ひたすら学問的に調べていき、少しでも実態に近づくよう努力を続けていく以外に方法はない。ところが、否定派は数の問題の当然の不明確さを利用し、「三〇万人虐殺説」あるいは虐殺された人数を疑問視することによって、南京事件の事実そのものまで否定しようと「数の論争」をふっかけてくるのである。

昨今は数の問題をもっぱら取り上げて、中国側のいう「三〇万人虐殺」をあげつらう論稿を書いている秦郁彦氏も、十数年前にはこう書いていた。

中国政府が堅持する「三十万人」や「四十万人」という象徴的な数字をあげつらう心ない人々がいる。もしアメリカの反日団体が日本の教科書に出ている原爆の死者数（実数は今でも不明確だが）が「多すぎる」とか、「まぼろし」だとキャンペーンを始めたら、被害者はどう感じるだろうか（秦郁彦『南京事件』中公新書、一九八六年、「あとがき」）。

―「数の論争」の落とし穴

南京事件の「数の論争」に夢中になっている人たちは、数字が客観的で絶対であるかのごとき錯覚に陥り、統計資料と数字の計算と数字操作に没入、自分の信じる数字を相手が受け入れるまで論争を繰り返そうとする。彼らが論争に埋没している時は、犠牲者の一人ひとりの不幸や悲惨など念頭から消えてしまうのが普通である。最終的な決め手資料が存在しない「数の論争」に没頭する人たちは、掠奪、強姦、放火、拉致、暴行等の他の不法・残虐行為の問題にあまり関心をもたない傾向にある。ここに「数の論争」の「落とし穴」がある。

藤岡信勝氏の軌跡は「数の論争」に熱中する者が、どのような南京事件の「事実認識」を持っているのかを示す好例である。

藤岡氏は「中国人民の犠牲者三十万人というようなことを、何の疑問ももたずに長い間信じ込んでいた」という。「自分の思考枠の合致する限り、最も大きい数字を信用するという心理的メカニズム」をもったという氏は、社会主義を信奉し、日本帝国主義を批判する思想をもっていた時は「一番大きい数字を信用することにした」ので「ついに五十万の大台にのったか」という感慨をもって南京大虐殺五〇万人虐殺までも信じたと記す。

同じ氏が、今度は社会主義を批判し、日本帝国主義を肯定する思想に転向すると「三十万などという天文学的数字になるはずもない」と南京大虐殺否定に転ずる。その後一時期、秦郁彦氏の南京大虐殺「四万人説」を信じた氏は、「四万人説が正しいとすると、三十万人説は、一人を殺したのも百人を殺したのも殺人の罪にかわりはないとして、本当は一人しか殺していない犯人に対し百人殺しの罪をかぶせて痛痒を感じない人権感覚の麻痺のあらわれである。この場合、『犯人』に擬されているのは、もちろん、『日本』であり、『日本人』である」とまで、三〇万人虐殺説をとなえる人（管見の限りでは日本の歴史学者にはいないが）を論難するようになった（引用は、藤岡信勝『近現代史教育の改革』明治図書、一九九六年、より）。

その後急速に思想の右傾化を強めた藤岡氏はついに「虐殺ゼロ人説」、すなわち南京大虐殺全面否定説へと転落、「中村粲氏の『南京事件一万人虐殺説』を批判する」（『正論』一九九九年三月号）を執筆するにいたる。

氏の変転の軌跡からは、氏が南京事件の実態と規模とを具体的に認識しながらその総体として数の問題を考えているのではないことがわかる。

いうまでもなく、被害者の一人ひとりに名前があり、顔があり、兄弟姉妹、家族があった。生き残った家族はそれぞれ死者にたいする記憶をもっているのである。その死者の家族が（ちょうど我々が戦争の犠牲になって死んでいった父母や祖父母、ならびに親族を忘れないのと同じように）彼（彼女）を思い続けて、今日にいたっているのである。

南京大虐殺の犠牲になった市民、難民、兵士は一人ひとりの個人であり、一つの生命をもち、一度だけの人生を生きていた人たちであった。個人の犠牲の悲劇を考えれば、一万人、四万人、二〇万人、三〇万人であったかどうかという数の問題はあまり意味をもたない。ましてや、虐殺三〇万人でなければ、南京大虐殺はなかったという暴論は、犠牲者とその遺族を二重、三重に傷つけるものである。

――南京の人口は二〇万人だったというウソ

「南京大虐殺当時の南京の人口は二〇万人であったから、三〇万人虐殺は虚構」という広く流布されているウソの一例を、藤岡信勝『近現代史教育の改革』（前出）から紹介する。

その（南京安全区国際委員会）文書の中に、南京市の人口に言及した箇所がある。十二月十七日、すなわち、南京陥落から四日後の日付のある文書の中に、次の一節がある。

「もし市内の日本兵のあいだでただちに秩序が回復されないならば、二〇万の中国人市民の多数に餓死者がでることは避けられないでしょう」

南京市の人口は二十万だったのである。二十万の人口の市で三十万の「虐殺」をすることはできないということである。足りない十万は、幽霊でも殺さなければならない（二二八頁）。

南京安全区国際委員会が右の文書で述べているのは、南京大虐殺の被害を免れて南京城内の安全区（難民区）に避難収容された市民と周辺からの難民の総計のことである。

これを南京事件前の南京市の人口であるかのごとくいうのはウソである。それに、この否定論には総勢約一五万人にたっした南京防衛軍のことが抜け落ちている。中国のいう「三〇万人虐殺」には中国軍兵士の犠牲もカウントされているのである。

南京特別市は南京城区（市部）と広大な近郊区（県部）とからなっており、これまでは南京城区の事件のみが問題にされてきた。ここでは南京城区に限定すると、一〇〇万人以上あった同区の人口が日本軍の南京攻略戦直前にどのくらいになったかを確認できる公的文書には、一九三七年一一月二三日に南京市政府（馬超俊市長）が国民政府軍事委員会後方勤務部に送付した書簡があり、そこにはこう記されている。

調査によれば本市（南京城区）の現在の人口は約五〇余万である。将来は、およそ二〇万人と予想される難民のため食料送付が必要である（中国抗日戦争史学会編『南京大屠殺』北京出版社、一九九七年、五一二頁）。

一九三七年一二月初旬には、南京防衛軍が「清野作戦」（侵攻してくる日本軍の遮蔽物に使われる可能性のある建物をすべて焼却してしまう焼野原作戦）で城壁周辺と街道沿いの村落を焼き払ったため、犠牲になった膨大な農民が難民となって城内に避難してきたし、日本軍の南京進撃戦に追われた広大な江南地域の都市、県城からの難民も移動してきた。一方では安全と思われる近郊農村へ避難していった市民も少なくなかったから、人口は流動的であったが、他の資料とも照合した結果、南京攻略戦が開始されたときは、南京城区にいた市民、難民はおよそ四〇万から五〇万人であったと推測される（詳細は拙著『南京事件』岩波新書を参照されたい）。それに日本軍の南京攻囲下におかれていた中国軍の戦闘兵、後方兵、雑兵、軍夫など総勢約一五万人を加えてカウントしておくべきである。

ラーベ日記の翻訳本、ジョン・ラーベ『南京の真実』（講談社、一九九七年）を、南京人口二〇万人説に利用した、冨澤繁信（自由主義史観研究会会員）「一つの嘘（南京三十万人虐殺）を繕う為にはもう一つの嘘（南京人口六十万説）がいる」（『月曜評論』一九九九年七月二五日号）があるので、その誤りも指摘しておく。冨澤氏は以下の記述を南京人口二〇万人説の根拠にして「南京の人口は二十万人であった。人口二十万人の市内でどうして三十万人の虐殺が可能であるか」と述べる（引用文中の〔　〕はラーベ日記のドイツ語版から石田勇治氏に訳出してもらったもの）。

---

(1)　一九三七年一一月二五日（ヒトラー総統宛の請願書）——非戦闘員の中立区域設置の件に関する日本政府への好意あるお取りなしをいただくよう、衷心よりお願いいたすものです。さもなければ、目前に迫った南京をめぐる戦闘で、二十万人以上の生命が危機にさらされることになります（六二頁）。

（ラーベの日記本文）——今日は路線バスがない。全部漢口へ行ってしまったという。これで街はいくらか静かになるだろう。まだ二十万人をこす非戦闘員〔まだ二十万人をこす中国人――彼らは非戦闘員だが――〕がいるというけれども。ここらでもういいかげんに安全区がつくれるといいが。ヒトラー総統が力をお貸しくださるようにと、神に祈った（六二頁）。

(2)　一二月六日――なぜ、金持ちを、約八十万人という恵まれた市民を逃がしたんだ？　首になわをつけても残せばよかったじゃないか？　どうしていつもいつも、一番貧しい人間だけが命を捧げなければならないんだ？（中略）

要するにこいつは中国人なのだ。こいつにとっちゃ、数十万という国民の命なんかどうでもいいんだ。そうか。貧乏人は死ぬよりほか何の役にも立たないというわけか！（八五―八六頁）

ラーベ日記で(1)のヒトラーへの請願書は中立区（南京安全区）に最終的には二〇万人の難民が避難するであろうとの国際委員会側の推定計画であり、当時の南京市の人口を指すものではない。一一月二五日の日記本文の「二十万人をこす非戦闘員がいる」とあるのは、この段階で城内にいた市民の数の推測であるが、これに、一二月七日から九日にかけて中国軍が城壁の周囲一―二キロにある居住区全域と南京城から半径一六キロ以内にある道路沿いの村落と民家を強制的に焼き払った「清野作戦」のため、家を失った膨

大な農民と市民が域内の南京安全区に殺到した数を加算すべきなのである。

ラーベ日記の⑵の部分について、冨澤氏は「八〇万人が逃亡」という部分だけ引用して日中戦争前の南京の人口一〇〇万から（後述するように、ラーベは一三五万と捉えていたのに）差し引いて「実質二〇万ということ」の証明に利用している。ラーベは富裕な八〇万人を差し引いた貧しい残留した市民を「数十万」と書いているのを、氏は御都合主義に無視している。ラーベは、残留市民が二〇万とは記していないのである。さらに言えば、ラーベは「ヒトラーへの報告書」の中で、「私が〔一九三七年〕七月に発ったときには、南京の人口はおよそ百三十五万人でした」（『南京の真実』二九六頁）と書いているから、一三五万から八〇万を差し引いたのが「数十万」ということになる。

右の冨澤氏の事例に見るように、ラーベの資料の一部だけを恣意的に悪用するのが否定派の常套手段である。

――「南京大虐殺の目撃者はいない」というトリック

一九九四年五月、永野茂門法相（当時）が、「自分は将校として、占領後の南京に行ったけれども、そんな事件は聞かなかった」「南京大虐殺はデッチ上げ」という発言をして、大臣を更迭された［注1］。自分は南京戦に参加した、占領後の南京にいたことがあるという旧軍人たちの多くは、「自分たちは大虐殺などやらなかった」「そのような大虐殺は見なかったし聞いてもいない」「二〇万人、三〇万人虐殺などという無差別な大殺戮は起こりえなかった」と真面目に思いこんで事件を否定している。しかし、彼らが自分の体験と記憶から南京大虐殺の歴史事実を否定するのは、自分の体験と見聞と認識の限界を自覚できていないからである。

阪神大震災の全体状況を目撃できた個人は一人もいないように、南京特別市という広大な区域でしかも長期にわたって行なわれた南京大虐殺の全体を目撃できた人など誰もいない。特に日本の軍隊は、上部の指揮官だけが情報を独占する厳格な縦割り組織の集団で、広域に散開して作戦をする各部隊は、他の部隊が虐殺をやっていても知る状況になかった。拙著『南京事件』に叙述したように、南京城区と南京近郊区とからなる行政区としての南京特別市において（南京戦区と重なる、日本の東京・神奈川・埼玉県を合わせた広さ）、三か月あまりにわたって行なわれた日本軍の不法、残虐行為の膨大な事例を、空間的、時間的に総合した歴史イメージが形成できた後に、南京事件の全体像が分かるのである。ナチスのユダヤ人虐殺を映像でイメージさせた記録映画『夜と霧――ドイツ強制収容所の体験記録』、テレビ映画『ホロコースト』や『ショアー』に類するものは、南京事件については日本では一般には上映されないし、制作もされない。したがって、南京事件の歴史書をきちんと読まないと、歴史事実に基づいた南京大虐殺のイメージは形成されにくい。そのため、歴史事実と違う南京大虐殺の「虚像」が流布されて一般の南京大虐殺イメージとなり、否定派はその「虚像」を「虚構」と批判、攻撃しているのである。

――南京大虐殺の「虚像」を「虚構」と攻撃

南京戦に参加したり、占領直後の南京にいた元日本軍の将兵には、一〇万、二〇万の市民の死体が南京城内外に累々と横たわっているという南京大虐殺をイメージして、そのような光景は「ぜったいに見なかった」「聞かなかった」と否定する証言をしている人が多い。否定派もこの「虚像」を批判して、そのような南京大虐殺は記録にもないと否定する。例えば、前述した（自民党）歴史・検討委員会の研究会で、笠原潤一国会議員はこう述べている。

> 南京大虐殺は誰がこれを言いだしたんですか。実際にいろんな……ちょうど「南京城入城」というのを画家の早川さんという方が描かれた、岐阜の方ですわね。私の友人のお父さんですが、南京へ行った当時の兵隊さんに聞いてもそんなことはあり得ないと。二十万人も殺したら、もう累々と南京城の中へ転がってい

——ますよ（歴史・検討委員会『大東亜戦争の総括』展転社、一九九五年、一〇一頁）。
同じように、少なからぬ日本人がイメージしてきた「虚像」を、藤岡信勝『近現代史教育の改革』（前出）はこう記す。

「南京大虐殺」とはどういう事実を指すのかということについて、私が長い間抱いていたイメージは、南京市内に入城した日本軍が、丸腰の中国人市民を無差別に掠奪、強姦、放火、虐殺した結果、死者三十万に及んだ、というものである（二二七頁）。

ところが、藤岡氏は南京陥落直後の南京市街に出店がならぶ平和の情景を撮影した従軍カメラマンの写真を見て、南京大虐殺とこれらの写真とは両立不可能と、一転して虐殺を否定するにいたる。
東中野修道『「南京虐殺」の徹底検証』（前出）は、さらに南京安全区を現場とする「虚像」にまで想像をエスカレートさせ、得意然としてこう批判する。

安全地帯（南京安全区）は……皇居外苑の四倍にあたる。そんな狭いところで十万人、三十万人が虐殺されていたならば、死屍累々たる状況を呈していたであろう。誰もが、その惨状を記録していたであろう。そのような記録はラーベの日記

―にもない。日本側の記録にもない（二三一頁）。

――南京大虐殺の実像

「南京城内に進軍した日本軍が二〇万、三〇万の市民を寄ってたかって殺しまくった」というのはまったくの「虚像」である。そこで、実際に発生した南京事件の実像の紹介を簡単にしておきたい。詳細は藤原彰『南京の日本軍』（大月書店、一九九七年）、吉田裕『天皇の軍隊と南京事件』（青木書店、一九八五年）ならびに拙著『南京事件』『南京難民区の百日』をぜひお読みいただきたい。

南京大虐殺事件、略称としての南京事件は、日本軍が南京攻略戦と南京占領時において、中国の軍民に対して行なった、戦時国際法と国際人道法に反した不法残虐行為の総体のことをいう。事件の発生区域は、南京城区（市部・戦前の人口約一〇〇万人）とその近郊の六県（県部・戦前の人口約一三〇万人）を合わせた行政区としての南京特別市全域であり、それは南京戦の戦区であり、南京陥落後における日本軍の占領地域でもあった。

南京事件における大規模な集団虐殺は城内ではなく、城外近郊の長江沿いや紫金山山麓、水西門外の郊外などで発生している。集団処刑は、中国軍の投降兵、捕虜、敗残兵、元中国兵と疑いをかけられた一般男子などを捕縛して城内から城外へ連行して殺戮したケースが多かったから、城内の中心街に数千数万の死屍累々などという光景はまったくない。しかし、現在の南京市の城内各地に虐殺記念碑が建っているように、城内の空き地や田園地帯、丘陵地帯において相当規模の集団処刑は行なわれた。

一九三七年一二月四日以降、総勢二〇万近くの日本軍が波状的に南京戦区に殺到し、包囲殲滅《せんめつ》戦（中国軍皆殺し作戦）を展開したために、市部と県部とを合わせ一〇〇万人以上は残留していた住民が巻きこまれた。村や県城、市内に残留したり、避難逃亡中の民間人、難民は、三つの段階に分かれて犠牲になった。まず包囲殲滅戦では、「敵（中国）側」の民衆と見なされれば殺害された。南京陥落後から一二月一七日の中支那方面軍の入城式のための徹底した残敵掃蕩《そうとう》作戦で、多くの市民・農民・難民の男子がもと中国兵の嫌疑をかけられて摘発、連行されて集団処刑された。入城式以後、翌一九三八年三月の軍事占領終了までの長期にわたって継続された「敗残兵狩り」「便衣兵（民間服を着た兵士）狩り」で市部と県部に残留していた一般成年男子が連行され集団処刑された。

金陵大学社会学教授スマイスは、一九三八年三月に助手をつかって行なった「南京地区における戦争被害――一九三七年一二月から一九三八年三月」（前出）というサンプリング調査（市部では五〇軒に一軒、農村部では一〇軒に一軒）の結果と他の資料を総合して、民間人が殺害されたのは、市部で一万二〇〇〇人、県部は六県のうち四県半のしかも県城を除外して農村部だけであるが、二万六八七〇人という被害者数を算出している。注目されるのは、城内（市部）よりも近郊農村の被害者数の方が多いことである。南京地区の近郊区の県城と農村における犠牲者数の実態が今後解明されていけば、民間人の被害者数はもっと増大していくにちがいない。

民間人の犠牲者数について、同時代の公式調査資料はないが、ひとつの参考資料として現場にいた人たちの推定資料がある。ラーベがヒトラーに提出した報告書には、「中国の発表によれば総計一〇万人の中国の民間人が殺害されたそうです。これは少し過大な数字でしょう。われわれヨーロッパ人はその数は約五万ないし六万人と推定しています」と記している（片岡哲史訳「南京事件・ラーベ報告書」『季刊　戦争責任研究』第一六号）。一九三八年二月末にラーベが南京を離れた段階での推定数字で、南京城外や郊外の広大な地域で発生した多数の虐殺事件（ひとつの事件の被害は数人、数十人でも総計すれば膨大な被害者数になる）の多くをまだ知っていない。阪神大震災の被害者の総数について、当初は予想もしなかった膨大な数が判明したように、一般に事件の全容が知れるにつれ、犠牲者数は増大していく。そのような傾向を勘案しながら、中国側の一〇万人、ヨーロッパ人の五、六万人という当時の推定数を参考にすることができる。

南京事件のなかできわだって多かったのが、戦闘とはまったく無関係であった中国女性の強姦、輪姦ならびに殺害であった。被害実数の把握は当時にあっても困難であったが、南京安全区国際委員会の推計では、日本軍の南京占領直後には一日に一〇〇〇人もの女性が強姦され、占領初期には控えめにみても八〇〇〇人の女性が強姦され、翌年の二、三月までに数万の女性が凌辱されたとされる。農村部では強姦・輪姦後の殺害が多く、さきのスマイスの調査にあった女子の死者四三八〇人の多くがその犠牲者であった。

南京事件の集団虐殺でもっとも多かったのが、本書第8章と第9章に詳述した戦時国際法に違反しての中国軍の負傷兵、投降兵、捕虜、敗残兵の処刑であった。拙稿「南京防衛戦と中国軍」(洞富雄他編『南京大虐殺の研究』晩聲社、一九九二年)で中国軍側の資料を使い、拙著『南京事件』で日本軍側の資料(前述したように大半が焼却処分されてしまったが)を使って分析した結果、戦闘兵一一―一三万、それに雑役を担当した少年兵、輜重《しちょう》兵(軍需品の輸送・補給にあたる兵)などの後方勤務兵、防御陣地工事に動員された軍夫、民間人人夫、その他の雑兵など正規、非正規の区別もつきづらい、したがって軍服も支給されないような非戦闘兵もくわえて総勢約一五万人の中国軍関係者のうち、八万余人が不法に虐殺されたと推定される。

現在の研究状況、資料の発掘状況、南京事件の全体像や歴史状況を総合的に検討した結果、現段階では、十数万以上、それも二〇万人近いかそれ以上の中国軍民が犠牲になったと推測される。日本軍側の資料の発掘・公開がさらに進み、中国側において近郊区(県部)の犠牲者数の記録調査がもっと進展すれば、より実数に迫る数字を推定することが可能となろう。

我々の現段階における推定総数と中国側の「虐殺三〇万人説」との違いは、さほど大きな問題ではない。南京大虐殺の規模の大きさと内容の深刻さを認識していることにおいて、基本的には我々と中国側とは同じである。重要なのは、日中双方が事件の実態と全体像の実証的解明を進めていく過程で、より実数に近い数字に接近していくことなのである。

［注1］ 山崎正男編『陸軍士官学校』（秋元書房、一九六九年）によれば、永野茂門氏は陸軍士官学校の第五五期生で、卒業が一九四一年七月であった。「将校として占領直後の南京に行った」というのも明白なウソ。当時永野氏はまだ陸軍士官学校にも入学していなかった。

第6章

第６のウソ

「百人斬り競争」はなかった

二人の少尉が、どちらが先に
一〇〇人を殺すかを競いあった「百人斬り競争」は
『東京日日新聞』一九三七年一一月三〇日付朝刊にその第一報が報じられた。
虐殺否定派はこの記事を荒唐無稽な捏造記事として、
南京大虐殺そのものをなかったことにする一つの根拠にしてきた。
たしかに当時の厳格な言論統制の下では国威発揚のための武勇伝として
あたかも白兵戦でのことのように脚色されているのは事実であろう。
だが、この記事が書かれた背景には
常態化していた日本軍の虐殺行為が確実にあったのである。

6. 据えもの斬りや捕虜虐殺は日常茶飯事だった

本多勝一

――繰り返される捏造論

「百人斬り競争」が、南京大虐殺に関連してよく問題にされたことをご存じの方も多いであろう。概要を言えば、『東京日日新聞』(『毎日新聞』の前身)が一九三七年一一月三〇日から一二月一三日にかけての紙面で、四回にわたって報道されたNとMの二少尉〔注1〕による殺人競争である。どちらが早く敵を一〇〇人斬るかだが、最後はNが一〇五人、Mが一〇六人で、どちらが先に一〇〇人を達成したかわからずにドロンゲームとされている。これがのちに問題となったのは、蔣介石政権による南京裁判でこの二少尉が死刑にされたからだった。

この「百人斬り」を、全くの虚報・捏造とする論評が、南京大虐殺を否定したい人々によって執拗に繰り返されている。最初のそれは、鈴木明氏の『「南京大虐殺」のまぼろし』（文藝春秋、一九七三年、それまでに月刊誌『諸君！』で連載）だったが、さらに山本七平（イザヤ＝ベンダサン）氏その他にひきつがれ、現在もその亜流によってくりかえされている。

最近の一例として、小林よしのり『新ゴーマニズム宣言　第5巻』（小学館、一九九八年）に収録されている時浦兼「日本の戦争冤罪研究センター」所長の「南京の本当の真相はこうだ」から問題部分を引用しよう。

①……人間を斬ったとしてもせいぜい4、5人で刀は使えなくなる。しかも実際の戦闘ではN氏は大隊副官として作戦指揮をする立場だったし、M氏は砲兵の小隊長だから、二人とも前線で日本刀を振りかざすなどということはありえない。
②M・N両氏の関係者は記事を書いた東京日日新聞の浅海一男記者に、記事は創作だと認めるように頼んだ。だがついに浅海記者は『創作』とは認めなかった。

そのほか南京大虐殺に関して、事実に反するデタラメでひどい記述が多いが、ここでは「百人斬り」だけにしぼっておく。

①については、まずN少尉自身が南京占領のあと帰国してから故郷の小学校で語った

講演を引用しよう。これはN少尉の話を直接きいた志々目彰氏が、月刊誌『中国』（一九七一年一二月号）に書いた一文からである。

郷土出身の勇士とか、百人斬り競争の勇士とか新聞が書いているのは私のことだ……実際に突撃していって白兵戦の中で斬ったのは四、五人しかいない……

占領した敵の塹壕にむかって『ニーライライ』とよびかけるとシナ兵はバカだから、ぞろぞろと出てこちらへやってくる。それを並ばせておいて片っぱしから斬る……

百人斬りと評判になったけれども、本当はこうして斬ったものが殆んどだ……二人で競争したのだが、あとで何ともないかとよく聞かれるが、私は何ともない……

こういうことが真相だったのであろう。これでは、あの武勇伝も実は「据《す》えもの百人斬り」であり、ようするに捕虜（または「捕虜」とされた一般民衆）虐殺競争の一例にすぎなかったことになる。実際問題として、宮本武蔵や佐々木小次郎が少尉クラスにざらにいたともおもわれず、白兵戦のような状況で自分が傷つかずに一〇〇人も斬るというようなことは、常識的には無理なはなしであろう。

すなわち、時浦兼・日本の戦争冤罪研究センター所長が指摘する①のうち、「……二人とも前線で日本刀を振りかざすなどということはありえない」の部分は「そのとおり」ということになる。

ということは、二少尉による（捕虜または「捕虜」とされた一般人）虐殺競争ということに当然なるが、時浦兼・日本の戦争冤罪研究センター所長にとっては、それではまずいのであろう。捕虜虐殺も「冤罪」にしなければ、その「研究センター所長」としては具合が悪いのであろう。そこで、①の前半「……人間を斬ったとしてもせいぜい4、5人で刀は使えなくなる」と主張することにより、捕虜虐殺そのものが「不可能」で「創作」だという方向へ持ってゆく。

――日本刀はそんなにヤワか？

だが、日本刀とは、もともと「4、5人で使えなくなる」ものですか。もしそうなら、いまもテレビや小説や映画に出てくる剣豪たちの活躍は、すべて「不可能」な茶番ということになる。歴史上の剣豪も全部ウソで、日本刀など殺人にはまるで役立たない飾りものかオモチャである。

だが、本来の日本刀はそんなヤワなものではない。なるほど雑兵の多数が入り乱れての会戦であれば、鉄砲は別としても槍などの方が有利であろう。しかし「使い方を変えれば極めて効果的なものであることは、私自身の残虐行為だけから見ても断言できる。要するに日本刀とは、全く無抵抗の人に対してならばこれほど軽便な殺人用具はないと言い切れる虐殺用具なのである」と書いているのは、旧陸軍三九師団二三二連隊第二大隊情報将校・鵜野晋太郎氏である［注2］。

鵜野氏は日本刀を二振り持っていた。一振りは父から贈られた「祐定《すけさだ》」、もう一振りは母からの「貞光」である。前者は関ヶ原新刀の中でも最古の直刀に近い刃渡り二尺一寸もの、後者は昭和新刀の反《そ》りの深い二尺五分ものだった。昭和新刀は、祐定などの伝統ある日本刀と比べてナマクラだと馬鹿にされているが、それでも「据えもの斬り」ならかなりの威力があった。以下は、鵜野氏がそのナマクラの方（貞光）で一度に捕虜九人を斬殺したときの記録である（本多勝一編『ペンの陰謀』潮出版社、一九七七年、収録の鵜野による「日本刀怨恨譜」から。これは鵜野氏の大作『菊と日本刀』上巻でも描かれている）。

私は常用の貞光を引き抜くと、一息入れてくるりと剣背《けんぱい》（峰《みね》、つまり刀の刃の背）を軽く村長の首に当て、間《ま》合《あ》いを見て足の位置を定《き》め、今度は刃部を前に戻し乍ら一気に振り下《お》ろした。

〝ドスッ〟と鈍い手応えと同時に、噴水の如く、二、三本と吹き出す血。村長の首は胴体より僅かに早く落ち、顔は苦悶《くもん》に歪《ゆが》み、歯はガチガチと砂を噛んだ。凄愴、無残。漂よう血の匂《にお》い。……つづいて私は次の四十がらみの村幹部の後方に廻った。

(先ずはうまくいったが、目釘はどうかな。刀の曲りは出たかな?)

目釘は異状ないが、刀身は僅かに曲りが出たようだ。

(大丈夫だ。連続してどこまでいけるか、やるんだ)

次の首に剣背を当てるや、返して振り下ろす。そして三人、四人目へと息もつかせず斬った。だが四人目は八分通りの斬れ方で首は胸に垂れて倒れた。

(失敗だ! 落着け!)

私は強いて笑顔を試みたが、泣き面になってしまった。

「おい! 警戒兵、そこの水桶を持ってこい!」

私はひったくるようにして水桶の水で刀の血糊《ちのり》を拭いた後、タオルを刀身に巻いて切先から四〇センチの所に膝をあてがい、右に約五度曲ったのを両手でぐいと元にもどしたが、僅かな曲りは残った。

(エイッ、あとの五人を殺らなくちゃ)

そのとき、聞き覚えのある不気味な歌――「抗日歌」を、五人が涙を流して斉唱し始めた。低く怒りの気概が迫る。

「止めろ! 止めないか! よーし、斬ってやる」

だが不安がふとよぎった。――（貞光の目釘はかなり緩《ゆる》んどる。これ以上緩《ゆる》めば刀は使えないぞ。でも父の祐定に取り替えて使うべきではない。勿論郭劉湾で一度血を吸わせたが、父の魂として祐定は一旦緩急の決戦の秋《とき》まで静かに保管した方がよいと決心して来たではないか。この母の魂たる貞光は昭和新刀だが、据え物でもこんなに曲るとは思わなかった。しかしここで父の祐定に取り替えては母の貞光を汚《けが》すことになる。そうだ！　母の為にも断じて貞光で斬ろう！）

そのとき五人の斉唱は止んでいたが、悲痛な泣き声は続いていた。私は一段と兇暴に刀をふるって斬った。目釘は更に彎曲して緩み、鍔元がガタガタになって来た上、再び刀身の四〇センチまでが右五度に曲った。そのため二人斬首して曲りを直し、また二人斬っては直して、ようやく最後の九人目の首を斬り落した。首を完全に落したのは一番目と九番目だけであった。

血の匂《にお》いは暫らく消えなかった。鉄柵の中の捕虜の集団は、涙を拭《ぬぐ》おうともせず立ちすくんでいた。

日本から「進出」してきた軍隊と戦って捕われた中国の若者は、このようにしてナマクラの昭和新刀でも九人つづけて斬殺された。つづけて鵜野氏は、NとMの「百人斬り」について次のようにも書いている。

進撃中の作戦地区では正に「斬り捨てご免」で、立ち小便勝手放題にも似た「気儘な殺人」を両少尉が「満喫」したであろうことは容易に首肯《うなず》ける。ただ注意すべきは目釘と刀身の曲りだが、それもそう大したことではなかったのだろう。又百人斬りの「話題の主」とあっては、進撃途上で比隣《ひりん》部隊から「どうぞ、どうぞ」と捕虜の提供を存分に受けたことも類推出来ようと言うものだ。要するに「据え物百人斬り競争」が正式名称になるべきである。（中略）何れにせよ、こんなにはっきりしていることを「ああでもない、こうでもない」と言うこと自体馬鹿げた話だ。私を含めて何百何千ものN・Mがいて、それは日中五〇年戦争――とりわけ「支那事変」の時点での〝無敵皇軍〟の極めてありふれた現象に過ぎなかったのである。

中国人捕虜または捕虜扱いされた民間人への据えもの斬りや試し斬りなど、このころ日本刀をもっていた将兵の大多数が体験者らしく、まさに「ありふれた現象」だった。小林よしのり氏も含めて、今の若い諸君には想像できないのかもしれないが、旧制中学で軍事教練をした世代たる私たちには「当然」のように思われるし、実際に故郷にいた復員将兵からそんな体験をよく聞いた。しかし試し斬りや据えもの斬りは、もちろん威張れることでも軍功でもないから、公然と刊行物に書かれることは稀である。

私自身が取材した中から、一四人斬りの例を紹介しよう。これは中国人への「見せしめ」として処刑を見学させられた襲其甫氏の体験である。襲氏は南京攻略戦当時、南京の五〇キロほど東南にある溧水《りすい》市に住んでいた学生だった。一四人斬りの見学は、南京陥落の翌年五月ころのことである。以下、本多勝一著『南京大虐殺』（朝日新聞社、一九九七年）から引用する。

廟山溝の処刑場につくと、一四人の中国人男性がしばられ、ひざまずかされていた。郎という姓の通訳がいて、「日中親善」「東亜共栄」といった美辞麗句のあと「この一四人はわるい人々です。みなさんはこういう人間のようであってはなりません」と演説した。一四人がどんなことをしたのか具体的な説明はなかった。襲さんたち約二〇〇人は、みせしめとしての処刑見学のためにあつめられたのである。

うしろ手にしばられた一四人の男たちは、さらに三、四人ずつの数珠《じゅず》つなぎにされ、青や黒の布で目かくしされていた。そこはちいさな丘の裾にあたるところで、かれらは丘にむかって一メートル前後の間隔で一列にひざまずいている。列のうしろに襲さんたち「見物人」がたち、周辺では一〇〇人ほどの日本兵が警戒にあたった。よこにある別のちいさな丘には重機関銃が一台すえられ、「見物人」

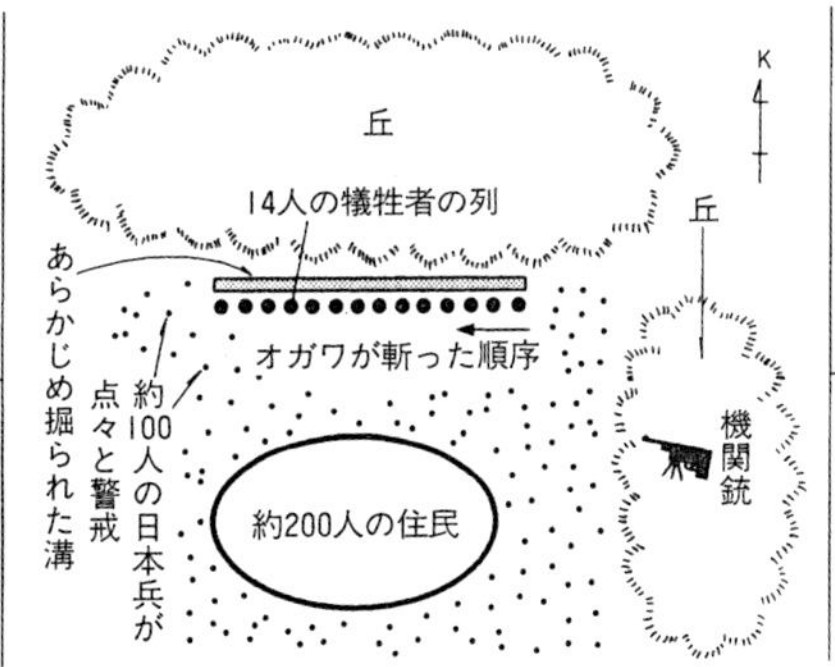

見せしめの処刑現場

を威嚇している。

日本刀による見せしめ斬首を担当したのは、ここの住民のあいだで「溧水魔王」とよばれていた将校「オガワ」であった。オガワは溧水に駐屯していて、ささいなことで住民をなぐったり殺したりするため悪名がたかかった。刀つかいの「腕」は人によって大差があるが、その点オガワは自信をもっていたという。

オガワは一四人の列の右端、つまり東西にのびる丘と平行にならぶ犠牲者の列の東端から斬りにかかった。まず軍刀に大きなヤカンで冷水をかける。刀をふりおろすときさけび声をあげた。同時に首がはなれ、その瞬間、切られた断面が内がわにちぢむようにうごき、直後に鮮血が噴出した。

犠牲者たちのまえには溝がほられていて、おちた首はそこへころがりこむ。オガワは一度も失敗することなく、片端から一度で斬りおとしていった。目かくししていても、気配によって自分の番を感じとる犠牲者のなかには、首をすくめてかたくする例もあった。するとオガワは、軍刀で首の根をちょっとたたくようなしぐさをした。犠牲者は斬られたと思ってかびっくりし、首をひょいと上げる。その瞬間をねらってオガワはふりおろした。一四人すべてを斬りおわるまでに三〇分か四〇分間くらいかかったが、軍刀はおなじ一本だけであった。

オガワがすんでいた家はいまも無人のまま保存されている。なんらかのかたちで階級教育のための記念館にする予定である。オガワは演劇が好きだったという。

なお、日本刀の「強さ」については、刀剣研究家・成瀬関次氏の著書を引用しつつ、前記『ペンの陰謀』で洞富雄氏が「南京大虐殺はまぼろしか」と題して詳細に論じている。

──これでも完全な「創作」といえるのか？

つぎに前述②の「創作」問題。これは南京で蔣介石政権の軍事裁判にかけられたNとMについて、Nの弟が二人を救うべく浅海記者に「創作」だと証言するよう頼んだにもかかわらず、浅海氏がそう認めずに二人を見殺しにしたという意味である。これについては、あのウソつきと無学で知られる前記山本七平氏〔注3〕も、浅海氏が南京の法廷に提出した証明書について「これでは『百人斬りは事実だから早く処刑しなさい』と言っているに等しいではないか」と酷評している。

だが、これもまた時浦兼・日本の戦争冤罪研究センター所長や山本ベンダサン氏による歪曲・捏造である。浅海氏は、あのとき報道したとおり、百人斬りは「住民・捕虜に対する残虐行為ではありません」などとしてN少尉らを弁護しているのだ。くわしくは前記・洞富雄氏の一文にゆずるが、要するに戦闘行為であり、戦場の手柄話だと浅海氏は証言した。そうすれば捕虜虐殺の罪に問われないはずなのだから。まさかNとMが何も言わなかったのに浅海氏が勝手に創作したなどと偽証するわけにもゆくまい。

そして、MやN自身も「戦闘行為」とか「冗談」と獄中で遺書に書いているのである。その「冗談」や「戦闘行為」にしても、Mは「Nが言った」、Nは「Mが言った」と、一種なすりあいをしている。その部分をつぎに引用しよう。

「N君が、新聞記者に言つたことが記事になり死の道づれに大家族の本柱を失はしめました事を伏して御詫びすると申伝え下さい、との事です。」「公平な人が記事を見れば明らかに戦闘行為であります。」(M少尉の遺書＝講談社『世紀の遺書』から)

「M君から父上へ〃口は禍の元、冗談をいったばかりに、大事な独り息子さんを、死の道連れにして申し訳けありません〃とのことです」(N少尉の父君あての手紙＝『偕行』一九七〇年九月号)「〃口は禍のもと〃と申します。M君の冗談から、百人斬

り競争の記事が出て、それが俘虜住民を斬ったというのです」（同＝『偕行』一九七〇年一〇月号）

死刑判決の罪状は「捕虜と非戦闘員の殺害」だが、両少尉は判決後も「正規の軍事行動だった」と主張していた。つまり百人斬りの行為それ自体をトータルに否定はしていないのである。そして浅海記者は、そのような二人の主張を応援するような証言で助けようとしていたのだ。実際には「据えもの斬り」であることを戦後わかっていたかしれないにせよ、少なくとも二人のためには助命につながる証言を提出していたと理解されよう。

このほかさらに時浦兼・日本の戦争冤罪研究センター所長は、『週刊文春』が私について書いた歪曲・捏造記事をとりあげた上、N少尉の娘に対して「……小手先の対応を繰り返しただけで、朝日新聞ともども誠意のある対応を一切しなかった」と虚偽を書いている。事実はどうだったたか、録音も含めていつでも公開するので、その場を与えてくれるよう時浦所長に要請したい。

そのほか、時浦兼・日本の戦争冤罪研究センター所長の書いたものには「捏造・歪曲センター」を設立したいほどいいかげんな諸説が多いが、私も所属していた朝日新聞に関係する一か所だけ例を挙げておく。

即ち、朝日新聞の当時の特派員の一人・今井正剛記者が、虐殺現場の体験を書いた記録(『特集文藝春秋――私はそこにいた〈目撃者の証言〉』一九五六年一二月＝〔注4〕)について「当時の南京特派員・足立和雄氏は今井正剛という記者を一言のもとにこう評したという。――『あれは自分で見て記事を書く人ではなかった。人から聞いたことを脚色するのがうまかった』」とのことである。

だが、当の足立記者自身も次のように書き残していることを、時浦所長はどうお考えか(前掲の拙著『南京大虐殺』から)。これは足立記者が、朝日新聞の南京支局ちかくで、同僚の守山義雄記者とともに見た大量虐殺である。

昭和十二年十二月、日本軍の大部隊が、南京をめざして四方八方から殺到した。それといっしょに、多数の従軍記者が南京に集ってきた。そのなかに、守山君と私もふくまれていた。

朝日新聞支局のそばに、焼跡でできた広場があった。そこに、日本兵に看視されて、中国人が長い列を作っていた。南京にとどまっていたほとんどすべての中国人男子が、便衣隊と称して捕らえられたのである。私たちの仲間がその中の一人を、事変前に朝日の支局で使っていた男だと証言して、助けてやった。そのことがあってから、朝日の支局には助命を願う女こどもが押しかけてきたが、私たちの力では、それ以上なんともできなかった。〝便衣隊〟は、その妻や子が泣き叫ぶ眼の前で、つぎつぎに銃殺された。

「悲しいねえ」

私は、守山君にいった。守山君も、泣かんばかりの顔をしていた。そして、つぶやいた。

「日本は、これで戦争に勝つ資格を失ったよ」と。

内地では、おそらく南京攻略の祝賀行事に沸いていたとき、私たちの心は、怒りと悲しみにふるえていた。(朝日新聞客員)

(足立和雄「南京の大虐殺」『守山義雄文集』守山義雄文集刊行会、一九七五年、所収)


これを拙著に引用するにさいして、足立和雄氏は健在だったので、このときの体験と今井正剛記者の目撃したことがおなじものかどうかたずねると、べつのときだという。このとき守山記者とは一緒だったが、今井記者と中村記者は別行動だったと。朝日の支局のそばの広場は、こうしたことが何回かおこなわれた虐殺現場のひとつだったらしい。

結論として、次のようなことが言える。すなわち、二少尉による据えもの斬りは確かであろう。ただしそれが一〇〇人に達したかどうかは誰も証明することができまい。だが、否定派がいう完全な「創作」とか「斬った中国人はゼロ」とかは、ありえないだろう。実態は以上に述べた通りである。

（付記）

本稿を書き終わってから、この問題を最初に取りあげた前記・鈴木明氏が『新・南京大虐殺のまぼろし』という新著を刊行した。この百人斬り問題について書いているところを読んでみたが、右の論考に付け加えるべきことは全くなく、鈴木氏の見解にあたらしいものは一切認められなかった。

［注1］

ここで実名を伏せて「MとN」としたのは次のような理由による。即ち、日本刀による「試し斬り」や捕虜虐殺などは、当時の中国における日本将兵の日常茶飯事だった。たまたま表面化したおかげでMとNが処刑された点、二人にとって実に同情すべきところがある。洞富雄氏も次のように書いている。

私はこの二人の将校は、あやまった日本の軍隊教育の気の毒な犠牲者であると考えている。個人の残虐性を責めるのではなく、その根源の責任が問われなければならない。この辺のことは、拙著『南京事件』の〈事件の責任〉の一節にくわしくのべておいたので、それをお読みねがえれば、私の真意がわかっていただけると思う。（前掲『ペンの陰謀』から）

右の洞氏の考えに全く賛成なので、ここでは実名を伏せた。

［注2］ 鵜野晋太郎（一九二〇－九九年）は中国・天津市生まれ。中国の撫順市戦犯監獄に収容された千余人のうち、大尉以下の八〇〇人中ただ一人重刑となった陸軍情報将校。著書に『わが暴虐記』『戦犯論』のほか、ライフ＝ワークとしての大著『菊と日本刀』（全二巻、谷沢書房、一九八五年）がある。

［注3］ 山本七平（イザヤ＝ベンダサン）のウソつきと無学については、浅見定雄『にせユダヤ人と日本人』（朝日文庫、一九八六年）参照。

［注4］ 今井正剛のこの一文は、本多勝一『南京大虐殺』（朝日新聞社、一九九七年）の二六〇－二六二頁に出ている。

第7章

第７のウソ

遺体埋葬記録は虚偽だらけ

東京裁判で虐殺の規模を推定するための
重要な証拠史料として提出された遺体埋葬記録だが、
それは戦後になって整理しなおされたものであった。
それゆえ、否定派は遺体埋葬記録の信憑性に疑問を呈し、
犠牲者数をできるだけ少なく見積ろうとする。
本論では紅卍字会、崇善堂という二つの団体が残した遺体埋葬記録が
戦後捏造されたいい加減な史料ではないことを実証する。

7. 偽造史料ではない 遺体埋葬記録は

——虐殺の規模を示す貴重な史料

井上久士

南京大虐殺の規模を検討するうえで、遺体埋葬記録は重要な手がかりとなるものである。そのため戦後の極東国際軍事裁判（以下、東京裁判と略す）では検察側証書として提出され、判決の重要な根拠のひとつともなった。その埋葬者数は紅卍字会四万三〇七一体、崇善堂一一万二二六六体、合計一五万五三三七体となっている（洞富雄編『日中戦争大残虐事件資料集(1)極東国際軍事裁判関係資料編』青木書店、一九八五年、一四二、一四五、一四六、三七六－三八〇頁）。東京裁判の判決は、「後日の見積もりによれば、日本軍が占領してから最初の六週間に、南京とその周辺で殺害された一般人と捕虜の総数は、二十万人以上であったことが示されている。これらの見積もりが誇張でないことは、埋葬隊とその他の団体が埋葬した死骸が、十五万五千に及んだ事実によって証明されている。……これらの数字は日本軍によって、死体を焼き捨てられたり、揚子江に投げこまれたり、またはその他の方法で処分されたりした人々を計算に入れていないのである」と述べている(同前、三九六頁)。

一方、大虐殺を否定したりその被害者数をできるだけ少なく見積もろうとする人たちは、この埋葬記録を攻撃するのが常である。最近でも東中野修道氏はこの記録を「四等史料」「五等史料」と言って信用がおけないとしており(『「南京虐殺」の徹底検証』展転社、一九九八年)、松村俊夫氏もこの解釈について洞富雄氏や筆者を批判している(『「南京虐殺」への大疑問』展転社、一九九八年)。彼らの主張はあたっているのだろうか。そこで本章ではこうした遺体埋葬や遺体処理の問題について検討してみることにしよう。遺体埋葬記録には紅卍字会と崇善堂以外にもいくつかの団体と個人のものが存在するが、紙幅の関係もあるので、主要なこのふたつの団体の埋葬記録にしぼって考えてみたい。

——紅卍字会とは何か

東京裁判に提出された遺体埋葬記録は、確かに当時の記録文書そのものではなく、戦後裁判のために整理しなおされたものである。紅卍字会の楊登瀛氏の語るところによれば、それは「すべての死体収容・埋葬工作についての文書記録があったが、抗日戦争中、日寇によって没収されてしまった」からであるといわれている（加々美光行・姫田光義訳『証言・南京大虐殺』青木書店、一九八四年、一六六頁）。しかし、オリジナルな統計記録は失われたものの、紅卍字会と崇善堂が当時の資料の一部をひそかに保存していたので、それをもとに埋葬記録をあらためて整理したということである。

では、そうであるから、この埋葬記録は恣意的で信用のおけないものなのだろうか。

まず紅卍字会の記録からみておこう。紅卍字会とは正式には世界紅卍字会といって「道院」という宗教団体の社会事業実行団体である。道院とは一九一六年ごろ山東省浜県でおこり、その後山東省の省都済南に進出し、二一年、済南で正式に成立した新興宗教である（吉岡義豊『アジア仏教史・中国編III』佼成出版社、一九七四年、二二三頁）。当時中国には二百余りの道院（の支部）と三百余万の信徒を有していたといわれる。院綱に「至聖先天老祖、基教、回教、儒教、仏教、道教の五教主及世界歴代神聖賢仏を崇拝し、太乙真経を参伍し、五教の真諦を貫徹し、大道を闡明にするを宗旨とす」とある。キリスト教・イスラム教・儒教・仏教・道教という世界五大宗教の融合・超越をはかるという宗旨をもちながらも、蘇州の道院がみずから道教と称していたり、道院内に太公望呂尚や岳飛をまつっていたように、内実はかなり道教的なものであったようである（興亜院華中連絡部『南京及蘇州に於ける儒教、道教の実情調査』一九四〇年、三四－三六頁)。

当時、南京の道院は会長が陶錫三、会員数三百余人であったという。陶錫三は紅卍字会南京分会の会長も兼ね、南京陥落後の一二月二三日に成立する「南京市自治委員会」会長にも就任した。

紅卍字会は一九二二年に創立され、道院に付設して「慈善博愛の善行を挙弁する事業機関」であった(興亜院政務部『中国社会事業の現状』一九四〇年、三四、一九一頁)。平時には医院(南京では市内鼓林路四号に医師一〇人ほどで運営)、貧民学校、孤児院、貧民工場の運営といった慈善事業を主にしていたが、戦争がおこると「救済隊」を組織し、医療、救護、埋葬、難民の輸送などの諸活動を行なうのを常としていた(前掲『南京及蘇州に於ける儒教、道教の実情調査』四七頁)。

世界紅卍字会南京分会は一九二三年に設立され、市内白下区龍王廟後小火瓦巷にあった(南京大屠殺史料編輯委員会『侵華日軍南京大屠殺史稿』江蘇古籍出版社、一九八七年、一〇四頁)。南京にはこのほか城外に下関分会もあった(南京大屠殺史料編輯委員会・南京図書館編『侵華日軍南京大屠殺史料』江蘇古籍出版社、一九八五年、四七三頁)。南京が陥落すると、紅卍字会南京分会は難民区内寧海路二号に臨時事務所を設け、難民救済にあたるとともに、早速埋葬隊を組織して城内外の遺体の収容・埋葬にあたる(陳娟「南京慈善団体掩埋遇難同胞屍体詳情」『南京史志』一九八七年第六期、一六頁)。

――信憑性の高い紅卍字会の埋葬記録

紅卍字会の埋葬記録によると、南京陥落後の一九三七年一二月二二日に最初の埋葬作業を行ない、城内では清涼山裏山で一二九体、城外では中華門外望江磯で一〇九体、中華門外高輦柏村で二六一体、中華門外普徳寺で二八〇体を埋葬している。紅卍字会の埋葬記録を月ごとに示すと、一九三七年一二月が七二四七体、三八年一月が一五五四体、二月が二万一五八三体、三月が八三九六体、四月が三一三二体、五月が一〇二四体、六月が二六体、七月が三五体、八月が一八体、九月が四八体、一〇月が六二体で合計四万三一二五体となる。二月がもっとも多く、二月と三月で全体の六九・五パーセントをしめている（紅卍字会の埋葬記録の詳細は『南京事件資料集(2)中国関係資料編』二七〇－二七三頁に載っているので参照していただきたい）。

紅卍字会の埋葬について、すでに洞富雄氏が紹介しているように、『大阪朝日新聞』の「北支版」一九三八年四月一六日付けに関連記事がある（『決定版・南京大虐殺』徳間書店、一九八七年、一四〇－一四二頁）。同記事によれば、紅卍字会と南京市自治委員会と日本山妙法寺の僧侶が遺体埋葬に従事していて、「最近までに城内で一千七百九十三体、城外で三万三百十一体を片づけた。約一万一千円の入費となつてゐる。苦力も延五、六万人は動いてゐる。しかしなほ城外の山かげなどに相当数残つてゐるので、さらに八千円ほど金を出して真夏に入るまでにはなんとか処置を終はる予定である」とある。この数字を紅卍字会の三月末までの埋葬記録と比較すると、城内一七九三体は見事に一致する。城内の埋葬遺体の総計は、正しくは一七九五体であるが、埋葬記録では一七九三体と計算まちがえをしている。計算をまちがえたところまで一致しているのは、この埋葬記録が当時の資料に依拠したものであることを逆に証明している。城外の埋葬遺体三万三一一体は、埋葬記録の三万六九八五体よりは六六七四体少ないが、その時点でまだカウントされていない埋葬があった可能性も考慮に入れればおおむね符合すると見なせるものである。

日本側の当時の記録として、南京特務機関の工作報告に紅卍字会の埋葬についてはっきりと述べられている。その一九三八年三月の報告には、「尚各城外地区に散在せる屍体も尠からず、然して積極的作業に取りかかりたる結果、著大の成績を挙げ三月十五日現在を以て既に城内より一、七九三、城外より二九、九九八計三一、七九一体を城外下関地区並上新河地区方面の指定地に収容せり」とある（井上久士編・解説『華中宣撫工作資料』（十五年戦争極秘資料集13）不二出版、一九八九年、一六四頁）。埋葬記録では、三月一五日現在、城内一七九五体、城外三万五〇九九体、合計三万六八九四体である。城外埋葬遺体は五一〇一体多いが、おおむね一致する。遺体埋葬記録が当時の報告より約五〇〇〇体以上多いのは、二月二一日と二二日に下関魚雷営に埋葬した五三〇〇体がぬけ落ちたためかと思われる。というのは紅卍字会の埋葬記録は一桁まで詳細に記録しているのに、二月二一日と二二日の下関魚雷営の遺体数は五〇〇〇体、三〇〇体と概数で示されているからである。これは遺体がすでに腐乱していたため現地に埋葬したということだから、詳細な遺体数をかぞえずに概数だけを記し、後に補足したのかもしれない。

さらに一九三八年四月四日付けの紅卍字会南京分会から「南京市自治委員会」に宛てた資金援助等を要請した書簡では、「昨秋以来今日まで、埋葬した死体は合計三万数千体に及び、現在もなお続行中」とある（南京事件調査研究会編『南京事件資料集(2)中国関係資料編』青木書店、一九九二年、二七三頁。原文は南京市檔案館所蔵）。三月末の埋葬遺体総数は、埋葬記録では三万八七八〇体だから、『大阪朝日新聞』北支版の記事と同じくやはりおおむね一致すると言ってよいだろう。

同年八月下旬に紅卍字会南京分会が「督辦南京市政公署社会処」（督辦南京市政公署は三八年四月に「南京市自治委員会」を引き継いだ傀儡機構）に提出した調査票には「四万と少しの遺体を埋葬」と記されている（「南京市慈善団体調査票」、孫宅巍主編『南京大屠殺』北京出版社、一九九七年、三九八頁。原文は南京市檔案館所蔵）。この調査票は八月二二日に社会処から出され、二七日に社会処に回答が返ってきたものである。埋葬記録によれば、八月末の埋葬総数は四万三〇一五体であるからこれも一致する。同年一〇月一四日付けで紅卍字会南京分会会長陳冠麟が「中華民国維新政府行政院」院長梁鴻志に宛てた補助金請求の書簡では「埋葬した死体は合計四万体に及び」とある（「中華民国維新政府」は三八年三月二八日に南京に成立した傀儡政権。『南京事件資料集(2)中国関係資料編』二七四頁）。同月「中華民国維新政府内政部」部長陳群が梁鴻志院長に宛てた資金援助要請の書簡でも、紅卍字会が南京陥落後、粥を施すところを二か所、診療所を三か所設けたこととならんで、「合計四万余体の遺体を埋葬した」と述べている（軍事科学院外国軍事研究部編著『日本侵略軍在中国的暴行』解放軍出版社、一九八六年、一六七頁）。

以上いくつかの例で示したように、当時の日本側の新聞報道でも、南京特務機関の報告でも、傀儡機構の公文書でも紅卍字会が遺体埋葬にあたっていたことを示しており、なおかつその埋葬者数が東京裁判に提出された埋葬記録と基本的に重なっていることは明らかである。要するに紅卍字会の記録は、けっして戦後になっていい加減に作り上げられたものではなく、信憑性の高いものなのである。

――ニセものだと決めつける否定派のウソ

虐殺否定派の東中野氏は、「紅卍字会の埋葬作業は昭和十三年二月一日から始まる」「昭和十三年一月に、紅卍字会が埋葬を行ったはずもない」と述べてそれ以前の記録を否定しようとしている(『「南京虐殺」の徹底検証』三〇四－三〇五頁)。前述したように遺体埋葬の約七〇パーセントは二月と三月に行なわれたのだから、二月から始まったとしても大量の遺体埋葬作業が存在したことは否定できないはずだが、それを措くとしてもこれは正しい推定であろうか。

東中野氏が根拠としているのはラーベのヒトラー宛て報告書である。確かにそこには「一九三八年二月一日まで埋葬を許されなかった多くの屍体」があり、「私たちは二月一日まで屍体を埋葬することすら許されませんでした」「私は一二月一三日から一月末までこの屍体を埋葬するか、搬出するか、許可を申請しましたが、無駄でした。二月一日になって屍体はやっと消え失せたのでした」と記されている(片岡哲史訳「南京事件・ラーベ報告書」『季刊 戦争責任研究』第一六号、一九九七年六月、四六、五二－五三頁)。ラーベは一月三一日の日記に「六週間もの間、わが家の前にうちすてられていた中国兵の死体が、ようやく埋葬されたと聞いて、胸のつかえがおりた」とも書いている(平野卿子訳『南京の真実』講談社、一九九七年、二一九頁)。

同じく否定派の松村氏も「ラーベ日記の公開によって、……紅十字会、紅卍字会、崇善堂の表や文書の内容が一挙に否定された」と喜んでいる(『「南京虐殺」への大疑問』三四〇－三四一頁)。しかし、ラーベの上申書や日記は、彼がその体験した範囲内のことを述べたのであって、紅卍字会が二月一日以前に全然埋葬を行なわなかった論拠とは見なしがたい。だいたい南京特務機関の三八年二月の報告にも「紅卍字会屍体埋葬隊（隊員約六百名）は一月上旬来特務機関の指導下に城内外に渉り連日屍体の埋葬に当り二月末現在に於て約五千に達する屍体を埋葬し著大の成績を挙げつつあり」（『華中宣撫工作資料』一五三頁）とあり、埋葬数は不正確であるが、一月から埋葬に従事していたことは明記されている。

一二五頁で引用した三月の報告でも「本会（紅卍字会）の屍体収容工作開始以来既に三ヶ月」と記している（同前、一六四頁）。この報告は極秘扱いの内部報告であるから、わざわざウソを書く必要はないはずである。東中野氏がインタビューしたという満鉄から出向した元南京特務機関員丸山進氏の回想にも、「埋葬は概ね二月初めから始め」とあるだけで、「一月末まで埋葬は許可しなかった」と明確に証言されているわけでもない（「南京特務機関員（満鉄社員）丸山進氏の回想」『亜細亜大学日本文化研究所紀要』第二号、一九九六年、八一頁）［注1］。そうであるから南京大虐殺否定派の畝本正己氏でさえ「第一線部隊は十二月十七日から遺棄死体を処理しており、紅卍字会は……十二月二十二日から埋葬している。ラーベが『二月一日許可が下りた』というのは、不審である」（『真相・南京事件』文京出版、一九九八年、二〇〇頁）と述べているのである。東中野氏がそれでも「昭和十三年一月に、紅卍字会が埋葬を行ったはずもない」とか「十二月と一月の埋葬記録は、南京水増しの偽造であった」（『「南京虐殺」の徹底検証』三二四頁）と主張するのであれば、南京特務機関の報告はどう読むのか説明していただきたいものだ。

　南京特務機関は二月と三月、紅卍字会の埋葬経費のかなりを負担したと思われる。それがこのふた月埋葬がはかどった理由のひとつであろう。しかしそれは「支那人協力者が漢奸（売国奴）として攻撃されないよう」（『「南京虐殺」の徹底検証』三〇三頁）という配慮というよりは、日本軍の内面指導、すなわち直接の占領地統治をカムフラージュするためであった。

　東中野氏はまた、NHKスペシャル「映像の世紀」に登場する紅卍字会の映像はニセものだと断じ、「シンボル・マークの『卍』は腕章や隊旗のみに描かれていたにもかかわらず、紅卍字会の制服らしき服の腹の部分に『卍』が描かれている」ことを理由にあげている（同前書、三〇五頁）。その論拠は朱友漁の「戦時下の奉仕活動とキリスト教会」という『チャイナ・クォータリ』一九三八年冬季号の論文に、そう書いてあるからだという。しかし当時紅卍字会の埋葬班班長として実際に埋葬にあたった高瑞玉氏の証言によれば、「埋葬に従事した者はそれぞれ上着（褂子）かベスト（背心）を着ていたが、間に合わない者もいて、腕章を印にしている者もいた。私は上着を着ていたが、上着の胸と背中には卍の字があり、帽子にも卍のついたものもあった（当時私は写真も撮ったが、後にどこかへなくなってしまった）。卍は白地に赤で、上着の色は濃い藍色だった」という（南京大屠殺史料編輯委員会・南京図書館編『侵華日軍南京大屠殺史料』江蘇古籍出版社、一九八五年、四

紅卍字会の作業員と日本山妙法寺の僧侶

七三頁）。つまり胸に卍が描かれているから、これはニセものだとは言えないし、むしろそれが普通だったのである。上の写真は紅卍字会の作業員と日本山妙法寺の僧侶を一緒に写したものであるが、ここでも卍は腕章ではなく、上着に描かれているのである。

歴史研究においてはできるだけ多くの史料の渉猟と比較検討こそが必要なのであり、あるひとつの史料に書かれていないからそれ以外のものはニセものだ式の決めつけはやめるべきである。

――崇善堂の埋葬について

埋葬記録のなかで最も埋葬遺体数が多いのが崇善堂である。一九三七年一二月から翌年四月までに合計一一万二二六七体の遺体の収容と埋葬を行なっている。月ごとの埋葬数は、一二月が一〇一一体、一月が一五五六体、二月が二五〇七体、三月が二四七五体、四月が一〇万四七一八体である。

この記録に対して、四月に急に一〇万体以上の埋葬を行なっているのは不自然であるとか、崇善堂の慈善事業にはもともと埋葬は入っておらず、そのうえ南京陥落後翌年九月まで活動停止状態で、その後も小規模な活動しか行なっていなかったから、あの記録はデッチ上げであるといった批判があびせられている（阿羅健一「架空だった南京大虐殺の証拠――謎の『崇善堂』とその実態」『正論』一九八五年一〇月号）。

東中野氏も「紅卍字会を除けば、埋葬活動に従事した組織は存在しなかった」（『「南京虐殺」の徹底検証』三一一頁）、紅卍字会以外の埋葬記録は「当時の記録に全く出てこない架空の記録」（同前、三一二頁）などと片づけている。

はたして彼らの述べるように、崇善堂は埋葬活動を行なっていなかったのだろうか。埋葬記録は「架空」のものなのだろうか。

中国には近代以前から「善堂」とよばれる一種の慈善団体が存在している。多くはその地域の有力者が資金を出して設立したものである。南京にも数多くの善堂があり、崇善堂もそうした善堂のひとつであった。崇善堂は清の嘉慶二（一七九七）年に創立され、当時すでに一四〇年の歴史のある善堂であった。本部は城内南部の金沙井三二号にあった。設立時には恤嫠局といった。太平天国の南京占拠時に破壊され、一八六五年の再建時に崇善堂と改称したという（南京市地方志編纂委員会編『南京民政志』海天出版社、一九九四年、四六〇頁）。通常は寡婦救済・保育援助・棺材の施し・診療所の運営などの貧民救済を行なっていた。主たる財源は不動産収入であった。崇善堂は南京近郊江寧県の一六七二・八五畝〔一畝は約六・六六七アール〕の田地、長江中洲の一万三〇二八・〇六畝の土地のほか家屋二六四室分を所有しており、そこからの地代・家賃で慈善事業を運営していた(同前)。であるから、崇善堂を「せいぜい従業員五、六人の街の葬儀屋」(田中正明『〝南京虐殺〟の虚構』日本教文社、一九八四年、三二七頁)とするような見解は論外である。

崇善堂の埋葬記録に対する攻撃は、内容的にふたつの側面がある。第一は崇善堂は埋葬を行なっていないというものであり、第二は崇善堂の埋葬内容は信じがたいというものである。

まず第一点について。崇善堂の埋葬記録によれば、同胞の惨殺死体が至るところにあるのを見かねた堂長の周一漁がみずから隊長となって「崇字掩埋隊」(崇善堂埋葬隊)を組織したという。一九三八年二月六日付けで周一漁崇善堂埋葬隊隊長が「南京市自治委員会」に宛てた書簡がある。「査するに弊堂が埋葬隊を成立させてから今まで一か月近くたち」と述べ、崇善堂の自動車は民国二四(一九三五)年製なのでバッテリーなど自動車修理部品が緊急に必要だとし、その補助を要請したものである(『南京事件資料集(2)中国関係資料編』二七八頁、原文は南京市檔案館所蔵)。これに対し二月八日に「南京市自治委員会」から直接丁三自動車修理部と交渉するようにとの返事が出されている。ここから少なくとも三八年はじめには崇善堂埋葬隊が組織され活動していたこと、崇善堂は自分の自動車をも所有していたことがわかる。

同年一二月六日付けの周一漁から「江蘇省賑務委員会」宛ての報告のなかで「今事変において、弊堂は難民区内に診療所を設け、埋葬隊を組織し、その他の救済事業も取り計らいました」と述べて、埋葬隊について言及している（同前、二七八頁、原文は中国第二歴史檔案館所蔵）。三九年一月二一日付けで長生慈善会という別の善堂から「督辦南京市政公署」に宛てた資金援助要請書簡には、「昨年の南京事変で、死体が地に満ち、惨たること見るに忍びずにいたところ、本会保有の乙級の材木板木百余りを、崇善堂・紅卍字会など各慈善団体埋葬隊と地方人士が分けてほしいと訪ねてきたので、あげてしまいまったくなくなってしまった」とある（『侵華日軍南京大屠殺檔案』四五七頁）。これらの史料から崇善堂が当時埋葬隊を組織し、埋葬活動を行なっていた事実は確実である。

第二は崇善堂の埋葬記録の内容についてである（崇善堂の埋葬記録は『南京事件資料集(2)中国関係資料編』二七五－二七六頁に載っているので参照していただきたい）。埋葬記録によれば、彼らは一九三七年一二月から翌年三月までは城内で、四月になると城外で遺体の収容と埋葬にあたっている。城内では、中華門―新街口―鼓楼―挹江門《ゆうこうもん》の線以東を中心とし、城外では、南は中華門から雨花台・花神廟方面、通済門から高橋門方面、東は中山門から馬群であり、例外的に西の水西門から上新河方面にも手をのばしている。「紅卍字会は市西部の埋葬を担当し、本堂は市東部の埋葬を担当した」（『南京事件資料集(2)中国関係資料編』二七七頁）とされるから、おおむねこの線で作業はおこなわれている。

埋葬隊は四つの分隊からなっていて、それぞれ主任一人、隊員一人、常雇い作業員一〇人からなっていた。四隊四〇人の作業員ではとうてい人手が足りず、城内では大量の臨時作業員を日当で雇い、城外では現地の農民が遺体の収容・埋葬に協力したという(『南京大屠殺』四〇四頁)。

崇善堂埋葬隊の埋葬記録のなかで一〇万五〇〇〇体近くと全埋葬者数の九三パーセントを占めているのは、三八年四月の城外においてのものである。当時城内の遺体埋葬はほとんど終了したものの、城外にはまだ放置されたか、かるく土をかけただけの遺体が多く存在していた。たとえば、盛文治という一民間人は、すみやかな遺体埋葬を要請した「南京市自治委員会救済組」に宛てた三月四日付けの書簡で次のように書いている(『侵華日軍南京大屠殺檔案』四五三頁)。

私はこのたび郊外から城内にやって来ましたが、三月になるというのに途中の馬家店・大定坊・鉄心橋は左右両側、人の死体と馬の骨が野に遍《あまね》しという有様でした。ある者は小高いところで仰向けになって目を見開き口を開け、ある者は田のあぜに伏せて肉と骨をさらしており、屍《しかばね》は鷹や犬の餌になっています。完全なものは少なく、足や腕がなかったり、頭がとれていたりで、たとえ五体満足なものでも、黒褐色を呈し腐乱しはじめています。そのうえ悪臭が鼻をついて人をむかつかせ、伝染病を避けるため、現地の人はみな鼻をおさえて歩いています。まだ日差しも弱く温度も高くありませんが、もし炎熱多湿の気候になったらと思うと、想像もできません。

四月になると気温の上昇とともに遺体の傷みもひどくなっていた。悪臭をはなつだけでなく、伝染病の蔓延も心配された。急いで手をうつ必要があったわけである。すでにふれた二月六日の周一漁の書簡でも「今や春となり、気温が上昇してきております。残っている遺体を迅速に埋葬しなければ、おそらく遺体が地面に露出し、関係する公共衛生はまことに少なくないと存じます」とある（『南京事件資料集(2)中国関係資料編』二七八頁）。崇善堂埋葬隊の場合、一度簡単に埋められた遺体が風雨で露出しはじめているので、それらを別な場所に移すか、その場に土を盛り塚をつくるというやり方が多かったのではないかと思われる。別な場所に埋葬する場合もそのためきちんと納棺したり、むしろで巻いたものはわずかで、多くは近くの塹壕・クリーク・池を利用したとされる（『侵華日軍南京大屠殺史稿』江蘇古籍出版社、一九八七年、一一九頁）。

そのようなやり方だから大量の遺体を埋葬できたのかもしれないが、同時に埋葬遺体数の記録に厳密さを欠くところがあったように思う。しかも今日の埋葬記録が当時のそれを正確に反映しているかどうかは残念ながら判断材料がない。また崇善堂についての記述が南京特務機関の報告など日本軍側文献や安全区国際委員会の文献に出てこないことも事実であり、崇善堂埋葬隊が日本軍に認知されていたかどうかも今のところ不明というしかない。今後の史料発掘に待ちたい。

しかし、右に述べてきたことから、彼らが埋葬作業を行ない、相当の遺体を埋葬したことは疑いないことである。これを「当時の記録に全く出てこない架空の記録」と切り捨てることは、虚心坦懐に史料に接すべき研究者としてはいかがなものであろうか。

総じて南京大虐殺否定派は、紅卍字会にしても崇善堂にしてもその埋葬記録からできるだけ埋葬者数を割り引こうとするか、埋葬そのものを否定しようと必死である。どのような史料も批判的にみなければならないことは当然であるが、自分に都合が悪い史料は無視し、あらかじめ決められた結論の方向にのみ誘導しようとする方法は、結局徒労におわるほかなく、やがては歴史のくずかごに棄てられることになるであろう。

［注1］

この報告は一二月の埋葬を無視し、二月末までに五〇〇〇体と埋葬記録と大きくかけ離れた数字をあげている。考えられる理由として、孫宅巍主編『南京大屠殺』では、この報告が紅卍字会埋葬隊のひとつの班の報告だけに依拠したからでないかと推測している（四〇一頁）。筆者も今のところこの可能性がたかいと考えている。

第8章

第８のウソ

山田支隊の一万五〇〇〇人捕虜は釈放するつもりだった

一九三七年一二月一二日、南京から東方への中国軍の退路を遮断するために編成された山田支隊（第一三師団歩兵第一〇三旅団）。この支隊に捕らえられた非戦闘員を含む約二万の捕虜は虐殺された。

しかし、虐殺否定派は「自衛発砲説」すなわち、捕虜を解放しようとしたにもかかわらず、火災・暴動を起こしたため自衛のためにやむなく銃殺したのだ、という説を作り上げた。

だが「自衛発砲説」を山田支隊の兵士たちの『陣中日記』に照らし合わせると、この説は完全に崩壊するのである。

8. 虐殺か解放か
……山田支隊捕虜約二万の行方

小野賢二

〝自衛発砲説〟の登場

南京大虐殺否定論者が山田支隊の大量捕虜虐殺を否定するのに、必ず引き合いに出すのが〝自衛発砲説〟である。この〝自衛発砲説〟は敗戦後、福島民友新聞紙上に長期連載された「郷土部隊戦記」〔注1〕に初めて登場する。

その内容は、山田支隊が南京陥落直後の一二月一五日、南京で獲得した約一万五〇〇〇人の捕虜を収容所に入れるとき、約半数いた非戦闘員を解放した。しかし、残った捕虜八〇〇〇人がその夜九時すぎ捕虜収容所内で火事を起こしたため、銃撃して逃亡を防いだが、混乱に乗じて約半数が逃亡した。さらに一七日、残った捕虜を対岸に解放するため長江岸に連行し、渡河を開始したところ、対岸からの発砲を契機に捕虜が暴動を起こしたのでやむをえず銃撃した。この時の死者は一〇〇〇名程度だった、というものである。しかし、この〝自衛発砲説〟は一次資料で裏付けられたものではなく、敗戦後に両角業作《もろずみぎょうさく》連隊長がまとめたという「両角業作手記」〔注2〕が元になっていた。

だが、同書は一方では軍から「皆殺セ」の命令が出ていたという重要な事実も明らかにしている。

——大虐殺を記録した皇軍兵士たち

この〝自衛発砲説〟を読んで疑問を持ったのも調査を開始する一つのキッカケだった。俺は仕事の合い間を利用して、一九八八年からおよそ七年間、山田支隊の基幹部隊だった歩兵第六五連隊（会津若松）の元兵士たちを中心に聞き取り調査を実施した。

調査は困難だったが、それでも、証言数約二〇〇、陣中日記等二四冊、証言ビデオ一〇本、その他の資料を収集することができた。この中に、〝自衛発砲説〟に添ったものは一つもなかった。調査結果の要旨は次のようになる。

山田支隊が一九三七年一二月一三日烏龍山、一四日幕府山両砲台付近で捕えた捕虜は一万四七七七名にのぼり、その後の掃蕩《そうとう》戦でも捕虜を獲得、その総数は約一万七〇〇〇—一万八〇〇〇人にものぼった。捕虜は白旗を掲げ無抵抗で捕虜となった。

この膨大な捕虜は幕府山南側にあった国民党軍の兵舎二二棟に収容した。この時、非戦闘員の解放は行なわれなかった。捕虜収容所は歩兵第六五連隊第一大隊（第一中隊欠）が中心に警備した。

一六日の昼頃、捕虜収容所内に火災（ボヤ？）が発生したが、捕虜の逃亡もそれに対する銃撃もなかった。その後、当時の『アサヒグラフ』に掲載された捕虜の写真が撮影された。この夜、軍命令により長江岸の魚雷営で二〇〇〇—三〇〇〇人が虐殺（試験的に？）され、死体はその夜のうちに長江に流された。

残りの捕虜を一七日、上元門から約二キロ下流の大湾子で虐殺した（証言によると、魚雷営でも行なわれ、大湾子の虐殺には他部隊の機関銃隊が加わった可能性もある）。この一七日の虐殺は大量の捕虜だったため、薄暗くなるころから開始された虐殺が一八日の朝がたまで続いた。そして、死体処理には一八、一九日の二日間かかった。

その他、歩兵第六五連隊第一中隊は烏龍山砲台を警備し、その付近で多数の敗残兵をその場で、あるいは捕虜とした後、銃殺した。

以上、この調査結果から〝自衛発砲説〟は作り話であることがわかった。

田中三郎(仮名)のスケッチ

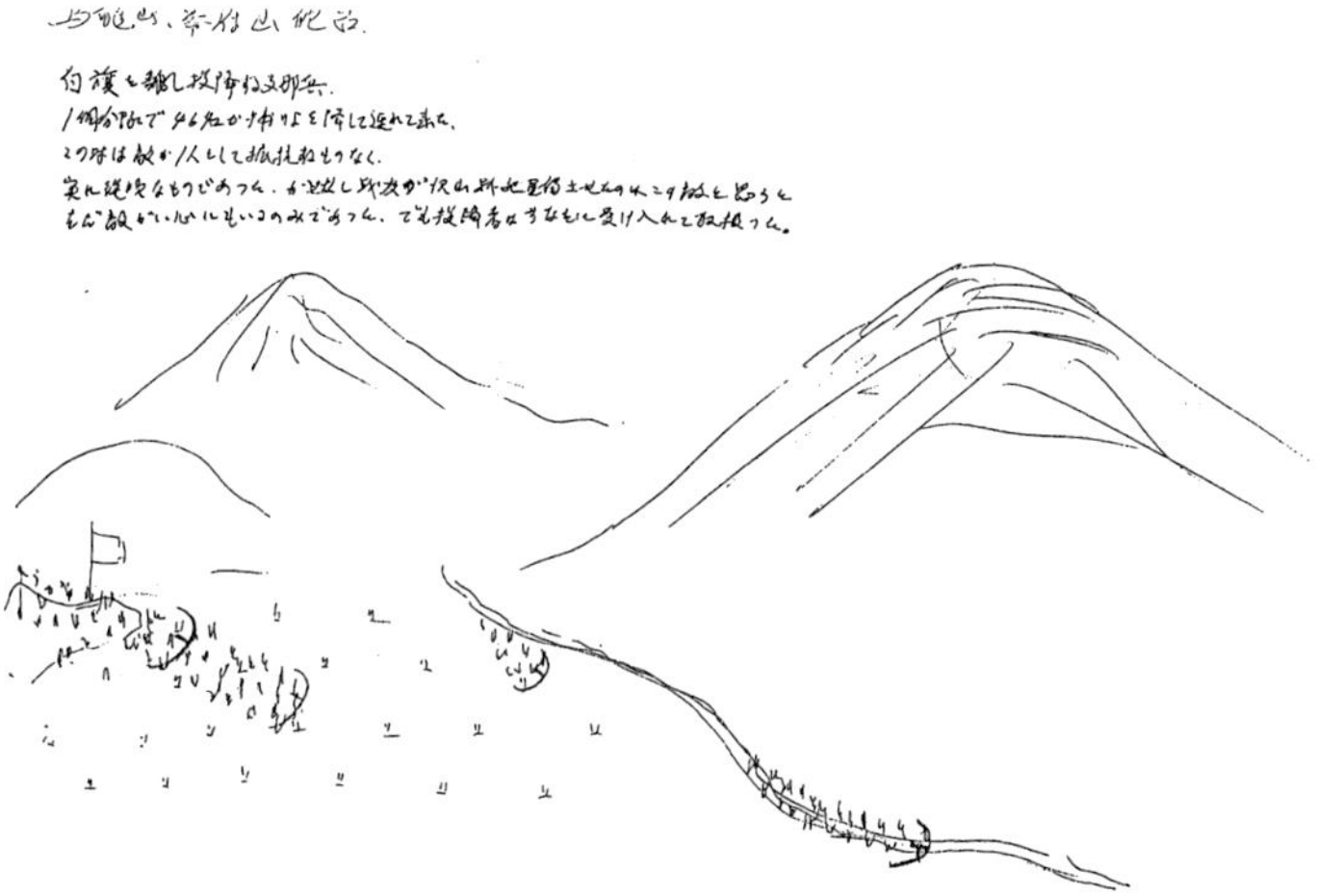

この図は歩兵第65連隊第2中隊田中三郎伍長(仮名)が描いた,捕虜に関係する4枚のスケッチのうちの1枚である。『南京戦史資料集』(偕行社,1989年)は田中伍長のスケッチを掲載したが,なぜか,この1枚だけ欠落させた(なお,原図の右下部にある一部は,本人の希望により削除した)。説明文は以下の通り(原文のママ,□は難読箇所)。
「烏龍山,幕府山砲台。白旗を翻し投降する支那兵。1個分隊で46名か捕りょを降して連れて来た。この時は敵が1人として抵抗するものなく,実に従順なものであった。が□し戦友が沢山戦死負傷させたのはこの敵と思うとたた敵がい心にもいるのみであった。でも投降者はすなをに受け入れて取扱った。」

陣中日記等の資料は藤原彰・本多勝一両氏とともに『南京大虐殺を記録した皇軍兵士たち』(大月書店、一九九六年)として出版した。
それでも、この事件の虐殺否定論が繰り返されている。ここでは現在主張されている虐殺否定論を検証してみたい。なお、以下で引用する日本軍将兵の日記や軍事郵便は、特記しないかぎり、すべて同書に収録したものである。

――板倉由明氏の責任回避論

〝自衛発砲説〟をベースとして、山田支隊の捕虜虐殺否定にもっとも長期間情熱を傾け、論じ続けてきたのは南京事件研究家を自称していた板倉由明氏である。板倉氏は偕行社の会員ではないが、偕行社が組織した南京戦史編集委員会に入り、その南京戦史編集委員会が編集した『南京戦史』で、幕府山における山田支隊による捕虜約六〇〇〇のうち「約三、〇〇〇（処断）約三、〇〇〇（逃亡）」という結論を出した。

さらにその後、南京戦史編集委員会は『南京戦史資料集II』（偕行社、一九九三年）を出版したが、その中では、これらの陣中日記について「下級将校や下士官兵の日記には、ややもすれば噂や憶測をそのまま記録する傾向があり」としたのである。しかし、この主張には無理がある。問題の日記は末端の兵士たちが命令のまま自分自身で実行した行為を他人を意識することなく、自分のためにだけ書いているものなのだ。

ところが、この見解を出した一人でもある板倉氏は、後に「約三、〇〇〇（処断）」の結論の責任を放棄して、「『南京戦史』の釈放中のハプニング説（〝自衛発砲説〟のこと――筆者）も、決め手になる資料はない」（「南京大虐殺・虐殺はせいぜい一～二万人」『ビジネス・インテリジェンス』一九九四年八月号）、つまり『南京戦史』の結論には〝根拠がない〟と断定するに至った。ということは〃自衛発砲説〃は史料的根拠のない作り話であることを認めたことになる。

だが、その後、板倉氏は新たな否定論の模索を始めた。同氏の「南京事件――『虐殺』の責任論」（軍事史学会編『日中戦争の諸相』錦正社、一九九七年）がそれである。

この論文の中で、板倉氏は「現時点では、軍の命令によって計画的・組織的に捕虜を虐殺した、という証明はできない」として、この虐殺が山田支隊の独断か、ある一人の参謀の独断命令によって行なわれた可能性が大であり、したがって日本側には公的責任はないという公的責任回避論に逃亡することになったのである。

この視点は上海派遣軍司令官だった皇族の朝香宮鳩彦《あさかのみややすひこ》王中将の責任問題を意識してのものだろうが、参謀一人の独断命令や、山田支隊単独の判断で捕虜約二万人の大量虐殺など実行できるわけがなく、軍命令によって計画的・組織的に行なわれたのである。事実、軍命令であったことは陣中日記にも記述されている。また、当然のことだが、虐殺された人々にとって、軍命令であるか否かの区別は無意味でしかない。

――東中野修道氏の実証なき解釈

このように〃自衛発砲説〃には「根拠がない」ことが確定したにもかかわらず、再び持ち出したのは東中野修道氏である。氏の『「南京虐殺」の徹底検証』(展転社、一九九八年)を検証してみよう。

東中野氏にとっての争点は「皆殺セ」[注3]の軍命令であり、その「皆殺セ」の命令を蹴って両角連隊長は捕虜の解放命令を出したのだと〝解釈〟するところにある。しかし、その〝解釈〟は実証を基にしたものではなく、東中野氏の意向に添った〝解釈〟でしかない。

まず、東中野氏が山田支隊長や両角連隊長には捕虜を解放する意思があったという結論を導く〝解釈〟の構図をみてみよう。

東中野氏は大きくわけて、次の三つの資料を使用する。

一つは敗戦後にまとめた両角連隊長の手記、いわゆる〝自衛発砲説〟の根拠となった「両角業作手記」を「徹底検証」することなく、そのまま〝解釈〟のベースとする(この手記は東中野氏の言う「四、五等史料」[注4]ではないのか)。しかし、事実関係の実証作業なら、当然「約半数いた非戦闘員の解放の有無」から開始しなければならないが、〝自衛発砲説〟の筋書きをただそのままなぞるだけで、実証作業は一切行なわない。

二つ目に、この手記に山田支隊長日記を東中野氏の〝解釈〟をつけ加えながら引用する。東中野氏は『南京戦史資料集II』に掲載された山田日記が鈴木明『「南京大虐殺」のまぼろし』(文春文庫、一九八三年)に掲載されたものとは「表現にちょっとした違いがある。その違いの理由は今は明らかにできない」とするのだが、ちょっとの違いどころか大きなちがいがある。なぜ、その理由を明らかにできないのかも不明だ。実は、この件とも関係がありそうだが、『南京戦史資料集II』の山田日記にも削除箇所がある可能性があるのである〔注5〕。

そして、三つ目に『南京大虐殺を記録した皇軍兵士たち』から、東中野氏の〝解釈〟に都合のいい箇所だけ引用し、拡大解釈していく。

しかも、東中野氏にはいくつかの根本的な認識の誤りがある。

その一つに、「皆殺セ」の命令は第一三師団司令部からの命令であると、再三繰り返す。しかし、一九三七年一二月一二日、第一三師団は鎮江で南京攻略命令を受け、歩兵第一〇三旅団から山田支隊を編成して南京へ向かわせた。他方、第一三師団主力は鎮江から長江の北岸に渡り、津浦線を遮断した。この段階で山田支隊は上海派遣軍の直轄となっていたのである。したがって、山田日記の一五日「南京ニ派遣シ連絡ス」は上海派遣軍司令部に行ったことになり、「皆殺セ」は上海派遣軍命令であって、第一三師団命令ではないということになる。

さらに、東中野氏は著作の参考文献に『郷土部隊戦記』など挙げていないから、〝自衛発砲説〟の原点すらおさえていないことになる。また、もともと〝自衛発砲説〟では一六日の虐殺事件については何の言及もないのである。

ところが、〝自衛発砲説〟の立場をとりながら一六日の昼食時に発生した捕虜収容所の火事を夕方の事件だと一方的に決めつけ、さらに、火事を捕虜の「故意の放火」だと勝手に推測した上で、日本軍が銃撃したが捕虜の半分が逃走したと何の史料的根拠も挙げずに断定する。つまり、東中野式〝解釈〟は〝自衛発砲説〟の原形まで変更して新たな〝新自衛発砲説〟を創作したことになる。その結果、「戦時国際法に基づく軍事行動が発動された」とし、「一部の投降兵（捕虜――筆者）が銃殺に処せられた」とする。

しかし、この東中野式〝新自衛発砲説〟をそのまま受け入れると、一六日の段階で捕虜はほとんど存在しなくなる。だとすると、東中野氏も認めている一七日の大量の捕虜殺害事件など起こるはずもないではないか。

俺は一次資料でこの火事の発生原因はつかめなかったが、一六日の捕虜虐殺は本格的虐殺の前に「試験的」に行なわれたとする証言から判断して、火事は捕虜を長江岸に誘導する口実とするために山田支隊側が仕掛けた罠の可能性が強いのである。だからこそ、火事による「捕虜の逃亡も銃撃」の記録も証言もないのである。

その証拠に、第八中隊遠藤高明少尉（仮名）は一六日、「一日二合宛給養スルニ百俵ヲ要シ兵自身徴発ニヨリ給養シ居ル今日到底不可能事ニシテ軍ヨリ適当ニ処分スベシトノ命令アリタルモノ、如シ」と、捕虜虐殺について食糧不足が原因の「軍命令」であることを記述しており、この一六日の時点で山田支隊が捕虜虐殺の意図を持っていたことがわかる。

東中野氏はさらに、一七日の虐殺については両角手記を延々と引用し、山田支隊長や両角連隊長には捕虜解放意図があったという〝解釈〟を試みる。

では、東中野氏が捕虜解放か、虐殺かの「謎を解く鍵」だとして挙げた「支那《ママ》兵への食糧配給に努め兵糧攻めにしなかったこと」と「暗闇」と「戦死者」の三点を検証してみよう。

まず、捕虜への給養問題である。東中野氏は山田支隊が捕虜の給養に努めたことは、処刑する方針がなかったことの証拠だという。しかし『南京大虐殺を記録した皇軍兵士たち』を読めば一目瞭然だが、山田支隊の兵士たちは後方からの補給が追いつかず、食糧を「現地調達」＝掠奪にたよっていた。だから、食糧問題は深刻だった。

また、東中野氏は両角手記にある「幕府山要塞の地下倉庫の食糧」で捕虜には充分な食糧が行き渡ったと〝解釈〟している。しかし、捕虜自身の現実はどうだったのか。天野三郎軍事郵便によれば、第九中隊の天野少尉に捕虜の釜核氏が直接手渡したメモには「ここに来てからすでに三日たちました。〔中略〕数万人のあわれな者達は四日以上も、ひもじい思いをしています。重湯は少しも腹の足しにはなりません。我々は、まもなく餓死してしまうでしょう」と書かれている。

一方、収容した側の現状は前記遠藤高明少尉日記のとおりであり、支隊の最高責任者である山田支隊長日記の一五日には「各隊食糧ナク困却ス」と、記述されているのである。つまり、この食糧問題こそが大量捕虜虐殺の直接の引き金となったのだ。

次に「暗闇」である。東中野氏は〃自衛発砲説〃に従って、一七日に山田支隊は捕虜を釈放しようとしたが、対岸の中国軍からの発砲をうけた捕虜が暴動を起こし、そのためやむなく、捕虜への銃撃が行なわれたとする。そして、やはり両角手記から「前岸からの発砲による混乱」は真夜中の「十二時ごろ」とし、「投降兵を安全かつ極秘に追放するため、意識的に夜間が選ばれたのである」と推定する。

だが、この真夜中の「十二時ごろ」という推定は誤りである。なぜなら、一七日午後四時半に書かれた天野三郎軍事郵便には「唯捕虜移動の為め多忙」とあるから、午後四時半には捕虜連行中であることがわかる。さらに、連隊本部通信班斉藤次郎特務兵(仮名)は一八日「午前零時敗残兵の死体かたづけに出動の命令が出る」と記す。真夜中の「十二時ごろ」は「混乱」どころか、すでに「死体かたづけ」の段階なのである。であるなら、遅くみても機関銃の銃撃は午後七時前には開始されたとみてよい。

では、なぜ、夕方から虐殺が開始されたかである。それは虐殺の準備・捕虜の連行・虐殺の実施という全過程の秘密保持のためである。それに、一七日という設定は一六日の虐殺(試験的?)結果をふまえたからであり、また、支隊移動[注6]の時間的制約があり、虐殺計画の実施が急がれていたことにも留意する必要がある。したがって「暗闇」も捕虜解放の根拠とはならない。

さらに歩兵第六五連隊は南京攻略戦で七名の死者（歩六五残桜会編『歩兵第六五連隊戦友名簿』一九八四年、による）を出している。この死者のほとんどは一七日から一八日の大虐殺時に生じた。死者が出たことで東中野氏は捕虜解放途上の混乱としたいようである。だが、一七日の捕虜の数は一万数千人いた。この膨大な捕虜を一挙に虐殺するのである。どのような装置が必要なのか。証言によると、支隊兵ほぼ総出で一七日の朝早くから捕虜を後ろ手に縛り数珠つなぎにした（『南京大虐殺を記録した皇軍兵士たち』収録の「南京城外幕布山《ママ》ノ捕慮《ママ》」との説明文がつけられた写真参照）。捕虜の連行は昼過ぎには開始された。

一方、虐殺現場となる長江岸には半円形に鉄条網が張られ、その外側に重機関銃が設置された。捕虜はこの鉄条網の中に入れられる。証言によると、長江岸から捕虜を並べるのに「整理兵」と呼ばれた兵士たちが、捕虜とともに鉄条網の中に入り誘導した。重軽機関銃の銃撃は半円形の鉄条網の両端にたいまつのような装置を設置し、この装置に点火と同時に銃撃が開始され、闇の中で、その両端の火をそれぞれの機関銃の「射撃範囲」とした。

だが、この時なんらかの事情で何名かの「整理兵」が鉄条網の外に出られなかったという。七名の死者の何名かは捕虜とともに銃殺された「整理兵」だった。死者の中に、東中野氏も語っている連隊機関銃隊の少尉がいる。この少尉と同村出身である第一大隊本部の遠藤重太郎特務兵（仮名）は少尉の死亡時刻を「夜十時戦死」と書く。「夜十時」であればすでに銃撃は終了し、役割の終わった機関銃隊は宿舎に引き上げた時刻であり、虐殺は銃剣による刺殺段階にある。

では、少尉は何故死亡したのか。証言によれば銃撃のあと、少尉は軍刀で捕虜の試し切りを始めたという。だが、逆に刀を奪われ、捕虜に殺されたという。そして、この捕虜は日本兵によって「よってたかってなぶり殺しに殺された」という（宮城県平和遺族会編『戦火の中の青春』一九九〇年、の中の「父の戦死・母の死　南京事件」参照）。

その他、日本兵の死者は刺殺行動の混乱の中で生じたものと考えられる。捕虜虐殺全行程の中で、重軽機関銃の銃撃は比較的短時間だった。刺殺は宿舎で待機していた兵と交代しながら一八日の朝がたまで続くのである。

以上、東中野氏が捕虜解放か、虐殺かの「謎を解く鍵」だとした三点は、捕虜虐殺へ導くもの、あるいは大虐殺の結果だったのである。

〃自衛発砲説〃に対して、俺は当事者の証言と陣中日記等の資料を提示した。その結果、東中野氏は「結果的には最初の師団命令（軍命令の「皆殺せ」――筆者）と同じ結果に終ってしまった」と、書かざるをえなくなった。だが、東中野氏はこれらの陣中日記には虐殺という「結果のみ」しか記されていないという。これも無理な〃解釈〃である。命令が捕虜解放とするなら最初から準備も行動も、兵の心構えもちがってくる。一貫した自分の全行動の結果として、大虐殺が記録されたのである。

このような不毛な〝解釈〟を今後もするのであれば、最低限〝自衛発砲説〟の柱である「非戦闘員の解放、火災発生の原因を捕虜とする根拠、その時の捕虜の逃亡、銃撃、そして、一七日の事件を解放だとする根拠」を東中野氏は第一次資料で実証する義務がある。事件の解明は冷徹な実証を重ねることでしかありえない。にもかかわらず長い論争の中で、南京大虐殺否定論者の誰一人として、これらを発掘実証した者はいないのである。

――最後に

『南京大虐殺を記録した皇軍兵士たち』の中に、板倉氏も東中野氏も非常に気にかけている山砲兵第一九連隊第三大隊大隊段列の目黒福治伍長（仮名）の陣中日記がある。一八日に「午後五時残敵一万三千程銃殺ス」の記述があるためである。一三、一四日に日付の記述ミスがあることから、彼らは一八日も記述ミスにしたいようだ。

だが、一五日「休養」記述以後、記述のズレはない。さらに、この一八日の記述と関連すると思われる中国側の魯甦、唐広普証言［注7］、ならびに鈕先銘『還俗記』（南京事件調査研究会編訳『南京事件資料集』青木書店、一九九二年）があることを指摘しておきたい。

一八日の記述が正しいとするなら、他部隊による虐殺であり、長江岸で万単位の別の虐殺があったことになる。これを実証するには南京攻略戦に参加した各連隊所在地で『南京大虐殺を記録した皇軍兵士たち』の続編を生みださなければ不可能である。特に奈良、三重県の連隊の可能性がある。

ところで、最初に〝自衛発砲説〟を主張した福島民友新聞記者の阿部輝郎氏は、『南京戦史』の見解に反発し『南京の氷雨』(教育書籍、一九八九年)を書いた。その中で、〝自衛発砲説〟と並列させながらも一兵士の陣中日記を公表し、自ら「どうやら全員(ほとんどどといったほうがいいかもしれない)が殺害されてしまったらしい」と語って、自分で書いた〝自衛発砲説〟を全面否定した。このような状況になったにもかかわらず、いまだに、〝自衛発砲説〟にすがりつく人々がいる。

仇うてどなおいえやらぬわが胸は
夜ごとに深く痛みゆくかな

この一首は歩兵第六五連隊の両角連隊長が南京攻略戦後に詠んだものだという(『郷土部隊戦記1』福島民友新聞社、一九六四年)。両角連隊長は部下だった元兵士たちの証言を聞いた限りでは温厚な人で、人情部隊長として兵士たちには非常に親しまれていた。しかし反面、「中国人に対しては別だった」という証言も数多く得た。だからこそ、「仇うてど」それでも「なおいえやらぬわが胸は」の一首が詠まれたのかも知れない。

ともかく、山田支隊の約二万人の大量捕虜は軍命令により、命令に忠実な兵士たちによって非戦闘員を含む全員が虐殺され、長江に流された。

〔注1〕 一九六一年一二月から福島民友新聞紙上に連載されたもので、福島県内出身者が中心を占める歩兵第六五連隊と歩兵第二九連隊の戦いを追った。『郷土部隊戦記1～3』として一九六四年に同じ福島民友新聞社から単行本化された。さらに、同新聞社は一九七八年から「ふくしま――戦争と人間」の長期連載を開始し、一九八二年に同名の単行本全七巻が同社から出版された。

〔注2〕 南京戦史編集委員会『南京戦史資料集II』（偕行社、一九九三年）に掲載されている。俺は調査の初期にこの手記を入手していた。

〔注3〕 山田栴二支隊長日記の一二月一五日の項には、「捕虜ノ始末其他ニテ本間騎兵少尉ヲ南京ニ派遣シ連絡ス　皆殺セトノコトナリ　各隊食糧ナク困却ス」と、軍司令部からの命令が記述されている（前掲『南京戦史資料集II』）。

〔注4〕 『「南京虐殺」の徹底検証』三六二頁で、東中野氏は「『南京虐殺』は、四等史料と五等史料によって

成り立っている。南京で『何人虐殺』と認定せる記録は一つもないのである。ない限り、『南京虐殺』はグローバルな共同幻想に止まるのである」と、豪語している。

〔注5〕 拙稿「兵士の陣中日記にみる南京大虐殺」『季刊　戦争責任研究』第九号（一九九五年秋季号）で、削除箇所のある可能性を指摘した。それにたいして、板倉氏から抗議があり、疑いがあるなら偕行社から原文コピーを取り寄せたらとの提案があった。そこで、偕行社に手紙で連絡を取ったが、いまだに日記原文コピーは送られてこない。

〔注6〕 山田支隊には、一九日に長江対岸へ移動すべしとの命令がすでに出されていた。しかし、実際には死体処理に手まどり、二〇日に主力が長江を渡河し、第一三師団主力と合流した。

〔注7〕 魯甦、唐広晋証言の分析は拙稿「第一三師団山田支隊の南京大虐殺」藤原彰編『南京事件をどうみるか』（青木書店、一九九八年）、ならびに「批判　渡辺寛著『南京虐殺と日本軍』」『季刊　戦争責任研究』第二一号（一九九八年秋季号）で行なった。

第9章

第9のウソ

中国軍の捕虜、投降兵、敗残兵の殺害は虐殺ではない

そもそも戦争とは人間同士が殺しあうことだ。
通常の戦闘行為での殺害は虐殺にはならない。
殺されたのは便衣兵（ゲリラ）、投降兵、敗残兵だ。
国際法に照らしても、彼らの殺害は違法行為ではない……。
虐殺否定論者はこのように言う。しかしそれは本当だろうか。
戦時国際法の観点から
虐殺否定派の論法にみられるトリックを検証する。

9. 国際法の解釈で事件を正当化できるか

吉田 裕

――中国軍は国際法に違反したか

　南京事件に関しては、ここ十数年の間に事件の実態そのものの解明が急速に進んだ。そのため、虐殺否定論者の中でも、事件の実態そのものは必ずしも否定せず、むしろ国際法の解釈を持ち出すことによって、事件を正当化しようとする動きが目立つ。その代表が東中野修道『「南京虐殺」の徹底検証』（展転社、一九九八年）である。ここではひとまず彼の言い分に耳を傾けてみよう。

　東中野氏によれば、「陸戦ノ法規慣例ニ関スル条約」（一九〇七年調印）の付属書である「陸戦ノ法規慣例ニ関スル規則」（ハーグ陸戦法規）では、交戦者の資格として次の四条件を定めているという。

一、部下ノ為ニ責任ヲ負フ者其ノ頭ニ在ルコト
二、遠方ヨリ認識シ得ベキ固著ノ特殊徽章ヲ有スルコト
三、公然兵器ヲ携行スルコト
四、其ノ動作ニ付戦争ノ法規慣例ヲ遵守スルコト

少し説明をくわえると、第一項は責任ある指揮官を有することを、第二項は民間人と区別できる徽章などを身につけていることを、意味している。

ところが、南京の防衛にあたっていた「支那軍正規兵」（以下、傍点は引用者）は、(1)最高司令官である唐生智の逃亡により「無統制の集団となった」（第一項違反）、(2)軍服を脱いで難民区に潜伏した（第二項違反）、(3)武器を難民区内に隠匿した（第三項違反）、(4)以上の行為により国際法に違反した（第四項違反）。したがって彼らは、交戦者としての資格を満たしておらず、「捕虜（俘虜）となる資格がなかった。捕虜となる資格がなければ、ハーグ陸戦法規の『俘虜ハ人道ヲ似テ取扱ハルベシ』（第四条）という条項も、適用されない」というわけである。別の箇所では、「指揮官不在の軍隊は、そもそも戦闘員としての義務を踏み躙《にじ》った軍隊である。〔中略〕そのような投降兵を殺戮したとしても、それは戦時国際法違反とはならない」とまで断定しているから、国際法の適用外にある中国

正規軍の投降兵を殺害しても違法とはならないという主張である。

しかし、この主張には、読者の誤解を誘う意識的なトリックが仕かけられている。なぜなら、問題のハーグ陸戦法規の第一条は、「戦争ノ法規及権利義務ハ、単ニ之ヲ軍ニ適用スルノミナラズ、左ノ条件ヲ具備スル民兵及義勇兵団ニモ之ヲ適用ス」として、右の四条件を掲げていたからである。つまり、第一条にいう「軍」とは、「簡単に云えば正規兵」のことであり（信夫淳平『戦時国際法講義』第二巻、丸善、一九四一年）、民兵や義勇軍の場合には、特定の条件を満たした時にのみ、正規兵と同等の交戦資格が与えられる、というのがこの条項の本来の意味だった。これは、当時の兵制の主流であった徴兵制を採用している国々が消極的な姿勢をとる中で、民兵制などを採用している諸国の意向を反映してようやく成立した条項だった。

したがって、例えば、「部下ノ為ニ責任ヲ負フ者其ノ頭ニ在ルコト」という条件にしても、正規軍のように編制や指揮命令系統が必ずしも明確ではない民兵などを想定した条項であったため、当時から、かなり緩やかに解釈されていた。事実、立作太郎『戦時国際法論』（日本評論社、一九三一年）も、この場合の指揮官は必ずしも政府による任命を必要とするわけではなく、「兵団が自ら編成され、自己の将校を」選出することも許容されるとしていたのである。

ここで重要なことは、本来は民兵や義勇兵を想定して作られた条項を強引に正規軍に適用しているため法解釈上の無理が生じていることである。東中野氏は、「指揮官不在の軍隊」は、それ自体国際法違反の存在だと主張する。しかし、少し頭を冷やして考えてみれば明らかなように、正規軍の場合でも、指揮官の戦死などの事態によって、部隊の指揮中枢が壊滅することは、しばしば起こりうることである。一例をあげよう。アジア・太平洋戦争末期の沖縄戦の場合、四五年六月二二日もしくは二三日に、第六二師団長藤岡武雄中将と歩兵第六三旅団長中島徳太郎中将とが参謀長らとともに自殺し、二三日には、牛島満第三二軍司令官と長勇《ちょういさむ》参謀長が自殺した。しかし、その後も日本兵は各地に潜伏して散発的な戦闘が続き、沖縄の日本軍が降伏文書に調印するのは、九月七日のことである（藤原彰編『沖縄戦――国土が戦場になったとき』青木書店、一九八七年）。東中野流の論法を借りるならば、これらの高級指揮官は自殺によって自らの職責を放棄し、日本軍は「指揮官不在の軍隊」となった。したがって、日本軍には国際法は適用されず、日本軍投降兵の殺害は何ら違法ではない。これが東中野説の論理的帰結である。

とはいっても、正規軍の兵士が先の四つの条件に抵触する行為をなす場合がありうるのも確かである。具体的にいえば、立の『戦時国際法論』が指摘するように、「正規の兵力に属する者が、敵対行為を行うに当り、制服の上に平人の服を着け又は全く交戦者たるの特殊徽章を附したる服を着さざるとき」などがそれである。その場合は、「軍人（交戦者）に依り行はるる交戦法規違反の行為」、もしくは、「変装せる軍人又は軍人以外の者」が行なう「有害行為」に該当し、「戦時重罪」(戦争犯罪)を構成する。しかし、ここで決定的に重要なのは、立の次の指摘である。

> 凡そ戦時重罪人は、軍事裁判所又は其他の交戦国の任意に定むる裁判所に於て審問すべきものである。然れども全然審問を行はずして処罰を為すことは、現時の国際慣習法規上禁ぜらるる所と認めねばならぬ。

つまり、たとえ国際法違反の行為があったとしても、その処罰については軍事裁判(軍律法廷)の手続きが必要不可欠だった。南京事件の場合、軍事裁判の手続きをまったく省略したままで、日本側が「戦時重罪人」と一方的にみなした中国軍将兵の処刑・殺害を強行したところにこそ大きな問題があったのである。虐殺否定派の人々は交戦法規違反の行為があった場合には、直ちにその違反者を殺害・処刑できるように誤解(曲解?)しているが、その処罰には適法的な手続きが必要だったことを忘れてはならない。

――「便衣兵」の処刑は適法か

虐殺否定論者のもう一つの論拠は、「便衣兵」の存在である。「便衣兵」とは、民間人の平服(便衣)を着用して、単独または小グループ単位でゲリラ的な戦闘行動に従事する戦闘者のことをさす。南京攻略戦では、多数の中国軍将兵が軍服や武器を捨て、民間人の衣服を身にまとって難民区に潜伏した。このため日本軍は、難民区に対する掃蕩戦を実施し、狩り出した多数の将兵を集団処刑した。田中正明『〝南京虐殺〟の虚構』（日本教文社、一九八四年）は、これを、「戦時国際法に違反する便衣隊（中略）に対して取った『応急処置』であり『虐殺』とはいえない」としているが、同様の主張は未だに跡を絶たない。

しかし、本来の意味での戦闘者としての「便衣兵」は、南京ではほとんど存在しなかったといっていいだろう。この点について、陥落直後の南京で、撃墜された日本軍機の搭乗員の遺体捜索活動に従事した奥宮正武（第一三航空隊分隊長）は、こう書いている（『私の見た南京事件』ＰＨＰ研究所、一九九七年）。

便衣兵あるいは便衣隊といわれていた中国人は、昭和七年の上海事変のさいはもとより、今回の支那事変の初期にも、かなり積極的に、日本軍と戦っていた。が、南京陥落直後はそうとはいえなかった。私の知る限り、彼らのほとんどは、戦意を完全に失って、ただ、生きるために、軍服を脱ぎ、平服に着替えていた。したがって、彼らを、通常いわれているゲリラと同一視することは適当とは思われない。

また、旧日本陸軍正規将校の親睦団体である偕行社がまとめた『南京戦史』（偕行社、一九八八年）も、「城内における中国軍の抵抗は予期に反して微弱であ」ったことを認めているし、難民区の掃蕩を担当した歩兵第六旅団の副官だった吉松秀孝も次のように同様の指摘をしている（「証言による『南京戦史』（7）」『偕行』一九八四年一〇月号）。

――城内進入にあたっては敵の撤退が意外に迅速で、予期した抵抗に遭遇せず、〔中略〕極めて迅速に〔掃蕩を〕終了して引き揚げた。

さらに、本来の意味での「便衣兵」が南京に存在したと仮定しても、その殺害を正当化するのは、国際法上も困難である。確かに、当時の国際法の下では、「便衣兵」による戦闘行動は、「戦時重罪」にあたるとされていたが、前述したように、その処刑には軍事裁判（軍律法廷）の手続きを必要とした。この点については、法学博士、篠田治策の「北支事変と陸戦法規」（『外交時報』第七八八号、一九三七年）も、「死刑に処するを原則とすべき」行為の一つに、「一定の軍服又は徽章を着せず、又は公然武器を執らずして、我軍に抗敵する者（仮令ば便衣隊の如き者）」をあげてはいるが、そこに次のような条件をつけている。

――而して此等の犯罪者を処罰するには必ず軍事裁判に附して其の判決に依らざる

べからず。何となれば、殺伐なる戦地に於いては動《やや》もすれば人命を軽んじ、惹いて良民に冤罪を蒙らしむることあるが為めである。

実際に敵対行為を行なう「現行犯者」に対して、「正当防衛」のために反撃する場合を除けば（信夫淳平『上海戦と国際法』丸善、一九三二年）、「便衣兵」の処刑には軍事裁判の手続きが不可欠とされていたのである。

なお、軍律法廷は、敵国の軍人や民間人によって行なわれる国際法違反の行為や敵対活動を処罰する目的で設置される軍事裁判所である。「簡易な審判手続き」と「処断のきびしさ」を特徴とするこの法廷に対して、北博昭『軍律法廷』（朝日新聞社、一九九七年）は、次のような評価を与えている。

軍律法廷はたしかにきびしい機関であった。しかし同時に、この法廷が、暴走しがちな処断にたいするなにほどかの牽制となりえたのも事実である。戦闘行動がはげしくなるにつれ、それを妨げる者への処断は一方的・独断的になる。切り捨て御免的な闇の処分や、第一線部隊でみられた陸軍の「厳重処分」あるいは海軍の「処置」という名の〝処刑〟はその例である。

軍律法廷の抑制機能にこれほどの評価が与えられるとは思わないが、軍律法廷の設置もないままに処刑を断行した南京の場合には、こうした最小限度の歯止めすら欠いていたことを重視すべきだろう。

なお、最近の東中野・藤岡両氏は、「南京の外国人は日本軍が略式裁判もしないで〔中国兵を〕処刑したことを知りながら、なおかつ、戦時国際法違反の不法殺害であるとは指摘できなかったのです」という理由で「便衣兵」などの処刑を合法化しようとしているようである。しかし、中村粲氏の「『南京事件』の論議は常識に還れ」（『正論』一九九九年五月号）が的確に批判しているように、「当時南京に居た外国人〔中略〕が捕虜の処断を戦時国際法違反であると指摘しなかつたからといつて、果してそれが合法であつたという証明になるのであらうか」。このことは、常識をもって判断すれば、すぐにわかることだろう。

――投降兵の殺害は正当化できるか

投降兵の殺害問題でも虐殺否定派の中では、根拠のない俗説が公然とまかり通っている。その代表的見解は、小室直樹・渡部昇一『封印の昭和史』（徳間書店、一九九五年）だろう。彼らは、次のような理由で南京における中国軍投降兵の殺害を正当化する。

捕虜になれる者は、正規の（合法的）戦闘員です。この資格も重要ですが、手続きも重要です。当該戦闘員の指揮官が、相手の指揮官に、正式に降伏を申し入れなければなりません。戦っている戦闘員が、バラバラに降伏を申し込んでも受け入れられるともかぎりません。降伏の意志確認が困難だからです。降伏も契約ですから、双方の合意がないと成立しません。

南京の場合、最高司令官である唐生智の逃亡によって、こうした降伏の手続きがなされなかった以上、中国軍投降兵を捕虜として受け入れる必要はなかったという議論である。

しかし、彼らは、このような主張の国際法上の根拠を何ら示すことができない。これは推測になるが、東中野氏の場合と同様に、ハーグ陸戦法規中の「部下ノ為ニ責任ヲ負フ者其ノ頭ニ在ルコト」という条項の拡大解釈によるものだろう。

それだけでなく、この種の解釈には、連合軍兵士による日本軍投降兵の殺害を全面的に正当化する論理に転化するという大きな難点がある。よく知られているように、日本軍の場合には、戦陣訓に示されるような、捕虜となることを禁じる独特の戦陣道徳が確立していた。したがって、指揮官が降伏を申し入れること自体、基本的にはありえなかったからだ。

このことは、『封印の昭和史』の著者たちも、それなりに理解しているようである。それは、同書の中に、誇張にみちた表現ではあるが、次のような興味深い一節があるからである。

逆に、日本軍は南の島でずいぶん玉砕したと言われていますが、降参した日本兵はあらかた殺されています。英語を話すことのできる者だけは情報を得るために生かされましたが、それ以外の投降兵については、アメリカにしてみれば厄介なだけだったのです。そこで大量に殺してブルドーザーで埋めたわけですが、これらの人を捕虜といっていいかどうか分かりませんが、そのようなことがあったということは、向こうの記録にちゃんと書かれています。

アメリカ軍の非道さを非難する口吻をもらしながらも、それを戦争犯罪として告発することはできない、この腰くだけの姿勢。指揮官の正式の降伏申し入れがない限り、捕虜として受け入れる必要はないという見解に固執する限り、日本軍投降兵の殺害を違法と主張することができないのは当然だろう。

投降兵や捕虜の殺害を正当化するもう一つの論拠は、前掲『南京戦史』がいうように、「そもそも捕虜の処断は『ハーグ陸戦法規』により不法であるが、苛烈な戦場に於ては状況上止《マ》む《マ》を得ぬ場合があることを国際法学者も認めている」というものである。『封印の昭和史』が、「正当防衛、緊急避難の権利」を、『「南京虐殺」の徹底検証』が「自己防衛の権利」を、主張しているのも同様の意味である。

特殊な状況の下では、戦争の法規・慣例の遵守義務より軍事上の必要性が優先されるとする学説は、一般に「戦数」とよばれ、投降兵の取り扱いなどがその典型的な事例とされる。しかし、そうした学説に対しては、当時からきびしい批判があった。例えば、横田喜三郎『国際法（下）』（有斐閣、一九四〇年）は、「かような範囲の広く不明確な例外を認めるときは、戦闘法規の違反に対して容易に口実を与へることになる」などとして、この学説を明確に否定している。

さらに重要なのは、海軍大臣官房『戦時国際法規綱要』（一九三七年）である。「海軍士官ノ実務ニ資シ兼テ其ノ研究材料トシテ適当」と認められて部内に配布されたこの本は、「戦争目的ヲ達成スル為ニハ、戦争法規ヲ度外視シ得ベシトノ説ヲ為ス者ナキニ非ザルモ、正当ナル見解ニ非ズ」とした上で、「戦数」についてもこの学説を次のように、しりぞけていたのである。

独逸《ドイツ》系学者中ニ、戦争法規ノ外ニ、戦数即チ戦争ノ必数ナルモノアリテ、普通ノ交戦法規ニ遵フトキハ緊急状態ヲ脱シ得ザルカ、又ハ戦争ノ目的ヲ達成シ難キ場合ニハ、戦争法規外ノ行動ニ出ヅルコトヲ得トノ説ヲ唱フル者アリ。畢竟或ル

――場合ニハ、戦争法規ハ之ヲ度外視得《（ママ）》ベシトノ主張ニ外ナラズ。右説ハ之ヲ採用スベキ限ニ在ラズ。

もっとも、『南京戦史』が指摘するように、ある状況の下では捕虜や投降兵の殺害は許容されると考える信夫淳平のような学者もいた。しかし、その場合でも、信夫の前掲『戦時国際法講義』第二巻が、「事実之〔捕虜〕を殺す以外に軍の安全を期するに於て絶対に他途なしといふが如き場合には、勿論之を非とすべき理由は無い」としているように、そうした状況はきわめて限定的に解釈されていたことに注目する必要がある。

――敗残兵の殲滅は戦闘行動か

南京攻略戦は、典型的な包囲殲滅《せんめつ》戦として、軍事的には日本軍の勝利に終わった。このため、多数の中国軍将兵が戦意を失って潰走し、追撃する日本軍によって各所で殲滅された。特に、長江上では、必死になって脱出をはかる中国軍将兵・一般市民が乗った小舟や急造の筏などが川面をうめた。これに対しては、海軍の第一一戦隊に属する砲艦が銃砲撃を加え、多数の中国軍民が犠牲となった。私は、『天皇の軍隊と南京事件』（青木書店、一九八六年）の中で、「これは『戦闘』などと決してよべるものではなく、戦意を失って必死に逃がれようとする無抵抗の群衆に対する一方的な殺戮にほかならなかった」と論じ、さらに、『現代歴史学と戦争責任』（青木書店、一九九七年）に収録した論文、「南京事件と国際法」でも、たとえ敗残兵の場合であっても、少なくとも降伏を勧告し、捕虜として収容する努力をすべきだったと主張した。

ところが虐殺否定論者の一人、藤岡信勝氏の『近現代史教育の改革』（明治図書、一九九六年）は、田中正明氏の所説などを借用しながら、私のこの見解を批判し、敗走する敵を追撃して殲滅するのは正規の戦闘行動であり、これを見逃せば、脱出した敵兵は再び戦列に復帰してくる可能性があるのだから殲滅は当然であるとした。

しかし、問題は、それほど単純だろうか。ここでは、具体的な事例に即して問題のひろがりを考えてみたい。一九四五年四月、沖縄海域への水上特攻作戦に出撃した巡洋艦「矢矧《やはぎ》」は、戦艦「大和」などとともに、米軍機の攻撃を受けて沈没した。この時、米軍機は、漂流する日本海軍の将兵に対して、数時間にわたって執拗な機銃掃射を加えたという（池田清『最後の巡洋艦・矢矧』新人物往来社、一九九八年）。

いっぽう、日本の海軍機が、イギリスの戦艦「プリンス・オブ・ウェールズ」と「レパルス」を撃沈した四一年一二月のマレー沖海戦の際には、日本機は英駆逐艦による生存者の救助作業をまったく妨害しなかった。児島襄『太平洋戦争（上）』（中公新書、一九六五年）は、この時のことを次のように書いている。

日本機は、二隻の大艦の沈没を見届けると、翼をふって英海軍将兵の敢闘をたたえながら雲間に姿を消した。さらに翌十一日、確認のために飛来した鹿屋空の壹岐春記大尉は、二束の野花を戦場に投下した。一束は日本武士道の戦士たちのため、もう一束は最後まで勇敢に戦った英国騎士道の戦士たちのために捧げられた。

藤岡氏の論法に従うならば、前者の米軍パイロットは軍人としての本分に徹した称えるべき存在であり、後者の日本軍パイロットは、非情な戦場の現実を忘れた感傷主義者ということになるだろう。

また、前掲『現代歴史学と戦争責任』の中でもとりあげたように、ニューギニア増援に向った日本軍の輸送船八隻が、連合軍機の攻撃によって撃沈された四三年二月のビスマルク海海戦では、漂流する多数の日本兵に対して連合軍機が数日にわたって機銃掃射を反復し、さらには出撃した魚雷艇が海上を捜索して日本兵を射殺した。藤岡氏の論法に従えば、これも正規の戦闘行動ということになるだろう。事実、この時、友軍によって救助された日本軍の一部の部隊は、そのままニューギニアに上陸し、実際に戦闘に参加しているのである。

しかし、ジョン・ダワーの『人種偏見』（TBSブリタニカ、一九八七年）は、人種偏見に色どられた戦争犯罪としてこの事件を鋭く告発している。また、戦後のオーストラリア社会では、海上を漂流中の三五〇名の日本兵を機上掃射で殺害した空軍パイロットを戦犯として処罰すべきだとの声があげられ、大きな論争に発展している。

欧米の良識ある人々が連合軍側の戦争犯罪の問題を正面から取りあげ、批判している時に、藤岡氏のような人物が、それを免責するような論理を提供し、「助け舟」を出す。この点は、さきにみた渡部、小室両氏の場合もまったく同様である。ここに、中国に対する感情的反発にこりかたまった人々の言説がおちいっている自己矛盾の深刻さがある。米軍の戦争犯罪すら追及できないような戦争観こそ、まさに「自虐史観」そのものではないだろうか。

最後に東中野氏の主張に対して補足的な批判をしておきたい。一つは、日本軍における国際法教育の問題である。「陸戦ノ法規慣例ニ関スル条約」の第一条は、「締約国ハ、其ノ陸軍軍隊ニ対シ、本条約ニ附属スル陸戦ノ法規慣例ニ関スル規則ニ適合スル訓令ヲ発スベシ」と定めていたが、日本軍の場合、そのような訓令はついに発せられなかったし、将校に対する国際法教育もきわめて不充分なものでしかなかった（喜多義人「日本陸軍の国際法普及措置」『日本法学』第六三巻第二号、一九九七年）。東中野氏は、日本軍が国際法を尊重したようにいうが、それは事実に反している。

もう一つは、南京攻略戦の際に日本軍により発せられた、捕虜を「適宜処置」せよという趣旨の命令の解釈の問題である。東中野氏はこれを捕虜を釈放せよという意味だと解釈する。しかし、これは、当時の陸軍の「慣用語」の意味を知らない人間による強弁にすぎない。事実、軍との関係が深かった右翼の児玉誉士夫は、『運命の門』(鹿鳴社、一九五〇年)の中で、「『適当に処置せよ』とは『殺せ』ということは意味しない」という戦犯裁判での陸軍将校の弁明を批判して、「しかし、当時の陸軍用語では『適当に処置せよ』ということは『片付けてしまえ』とか『仕末《ママ》せよ』とかいうことになるのである。これは軍隊生活をした者なら誰でも知っている事実であろう」と書いている。東中野氏には、どうも、「陸軍用語の基礎知識」が欠けているようだ。

(付記)

否定派の論争の仕方の最大の特徴は、自説に都合の悪い見解には無視をきめこむという、いじましい「ダンマリ戦術」である。「便衣兵」の処刑には軍事裁判の手続きが必要であることを私は繰り返し主張してきたが、彼らからは何の応答もない。藤岡信勝氏に至っては、藤岡氏の吉田批判に対する私の反論を収めた前掲『現代歴史学と戦争責任』があるにもかかわらず、誤った国際法理解にますます固執している。私は二度にわたって私信を送り釈明や反論を求めたが、未だに返信すらない。「国民のプライド」の復権を説く彼には、そもそも「研究者としてのプライド」というものがないようである。

第10章

第 10 のウソ

マギーら南京安全区国際委員の証言は伝聞や憶測ばかり、中国人の証言には信憑性がない

虐殺・強姦の現場に居合わせなかった証人に信憑性はない、
複数の証言の間にある差異や矛盾は虐殺がなかったことの明白な証拠だ、
というのが虐殺否定論の主張だ。
しかし、都合のいい証言のみを断片的に切り取る詐欺的手法、
「死人に口なし」であるかのごとく、被害者側の声を無視して
歴史を捏造していく傲慢な手法には問題があるだろう。

10.

証拠を御都合主義的に利用しても正当な事実認定はできない

——パル判事の判決書を悪用する騙しのトリック

渡辺春己

否定派が、南京大虐殺が東京裁判でデッチ上げられたという証拠に決まって引用するのが、インド代表裁判官のラダビノット・パルの提出したいわゆるパル判決書である。たとえば、小林よしのり『戦争論』(幻冬舎、一九九八年)はこう書いている(漫画のキャプションのみ)。

——東京裁判——アメリカ・イギリス・支那・ソ連ら戦勝国が、敗戦国・日本の戦争犯罪を一方的に裁く国際法無視の集団リンチ裁判が敗戦後すぐに行なわれた。

しかし、この東京裁判の判事の中で唯一国際法の専門家だったインドのパル判事が……被告人全員無罪の判決を出したということを我々日本人は忘れてはならない。

東京裁判で捏造された日本の犯罪の一つが南京虐殺である（四四頁）。

右の文脈だとパル判事も南京事件を捏造であると否定したかのように読者は受け取るだろう。否定派の田中正明著『パール博士の日本無罪論』（慧文社、一九六三年）もパル判事が南京事件も否定したかのように書いている。

たしかにパル判決書は、連合国が裁く東京裁判の設置自体を疑問視し、国際法的根拠や法廷審理における証拠の扱い方［注1］への批判など、裁判全体の問題点を指摘して、各被告は起訴事実全部につき無罪であると主張したものである。南京事件についても最高責任者として処刑された松井石根《いわね》の不作為は立証されなかったので無罪であると述べている。しかし、パル判決書は、南京事件は事実であったことを以下のように、明記しているのである。

本官がすでに考察したように、証拠に対して悪く言うことのできる事柄をすべて考慮に入れても、南京における日本兵の行動は凶暴であり、かつベイツ博士が証言したように、残虐はほとんど三週間にわたって惨烈なものであり、合計六週間にわたって、続いて深刻であったことは疑いない。事態に顕著な改善が見えたのは、ようやく二月六日あるいは七日過ぎてからである。

弁護側は、南京において残虐行為が行なわれたとの事実を否定しなかった。彼らは単に誇張されていることを愬《うった》えているのであり、かつ退却中の中国兵が、相当数残虐を犯したことを暗示したのである(洞富雄編『南京大残虐事件資料集(1)極東国際軍事裁判関係資料編』青木書店、一九八五年、四〇五-四〇六頁、以下『東京裁判資料』とのみ略す)。

パル判決書は、南京事件に関する証言に「ある程度の誇張と多分ある程度の歪曲があったのである」としながらも、結論として南京事件はあったと事実認定をしているのである。しかも、弁護側も南京事件の事実を否定しなかったとまで書いている。パル判決書を熟知しているはずの田中正明氏が、同判決書の結論とは逆に、南京事件を否定するためにこれを利用しているのは悪用であり、パル判事にたいする冒瀆でもある。

パル判決書は、「南京暴行事件に関する二名の主な証人は許伝音とジョン・ギレスピー・マギーとである」として、二人の証人は「言い聞かされたすべての話をそのまま受け入れ、どの事件も強姦事件と見なしていたようである」と疑問を呈し(ただし、マギー証言についての具体的な疑問点の指摘はない)、またその他の証言資料について、とりわけ中国人被害者の証言について、「昂奮」「偏見」「誇張」「歪曲」など「慎重な検討を要する所」があると述べているが、大切なのは、以下のような結論である。

本件〔南京暴行事件〕において提出された証拠に対し言い得るすべてのことを念頭に置いて、宣伝と誇張をでき得る限り斟酌《しんしゃく》しても、なお残虐行為は日本軍そのものが占領したある地域の一般民衆、はたまた戦時俘虜に対し犯したものであるという証拠は圧倒的である。

問題は被告にかかる行為に関し、どの程度まで刑事的責任を負わせるかにある(『東京裁判資料』四〇一頁)。

パル判事の中国人被害者の証言にたいする批判は、犠牲者の精神的衝撃、恐怖、傷痕、怒りの心情にたいして理解、同情を示さない冷徹さにおいて、ある意味で裁判官らしいとも言えるが、重要なのは、そうした問題点があるにもかかわらず、東京裁判に提出された膨大な証言や証拠資料は南京事件を裏付ける証拠として「圧倒的」であると認定していることである。パル判事が問題としたのは、事実認定をした南京事件の刑事的責任を松井石根に負わせることができるかどうかであった〔注2〕。

ところが否定派、たとえば、藤岡信勝氏は、パル判決書の中のマギー証言への疑問を指摘したところだけを引用して、パル判事が証言すべてを否定したかのようにウソを書いて（『近現代史教育の改革』明治図書、一九九六年、二〇七頁）、パル判事が南京虐殺の事実に関して採用した多くの証言や証拠、さらにはもっとも重要な認定事実は隠している。

否定派は、パル判決書の原文を一般の読者は読むはずがないと高を括ってウソを書いているのである。否定派の主張に「説得された」とうなずいている人たちは、自分たちが愚弄《ぐろう》されていることに気づくべきである。

――「木を見て森を見ず」のトリック

パル判決書にあるように、パル判事は南京事件に関する証言や証拠資料の個々には、そのまま全部が事実であるとは受け取れないものがたくさんあると批判しながらも、それらの膨大な資料を比較、照合して、重畳的に重なり合い支えあっている証拠群を総合すれば、全体的に南京事件を「圧倒的」に立証されていると事実認定をしたのである。

歴史学における事実認定の方法も同じで、ある事件に関する異なる立場を含めた断片的ではあるが多くの資料を発掘・収集し、玉石混交の資料を相互に比較、照合しながら資料批判をくわえ、総合的に重ね合わせることによって、否定することのできない歴史事実が浮かびあがってくるのである。さらにそれらの膨大な資料を厳格な資料批判を加えてふるいにかけ、信憑性の高い資料を、ちょうどモザイク絵を作成するように時間的、空間的、立体的に集成していって、実像に迫る歴史像を構成することが可能になるのである。

裁判における事実認定において、たとえ個々の証言のなかに「昂奮」「偏見」「誇張」「歪曲」あるいはたとえ虚偽に等しい証言があっても、多数の証言・証拠方法から得られた全体的立証は覆ることはない。歴史学においても、ある歴史事実を認定する膨大な史料群のなかの個々の資料に不正確な部分や誤認部分があっても、他の史料による実証が圧倒的であり、かつ個々の資料の欠陥が史料批判によって認識されているならば、結論としての歴史事実の認定にはまったく影響はない（事実認定論については、笠原十九司・渡辺春己ほか『歴史の事実をどう認定し、どう教えるか』教育史料出版会、一九九七年、本多勝一・渡辺春己ほか『「事実」をつかむ』こうち書房、一九九七年、に詳述したので参照されたい）。

証言はあくまで個人の体験を述べるものであり、人間が万能でない以上、事件すべてを一人が見聞することは極めてまれであるし［注3］、完全、正確な観察と記憶ということもまずはありえない。「木を見て森を見ず」という諺がある。南京事件の全体像が「森」で被害者、加害者、第三者を含めて現場体験・目撃者の証言は「木」にあたる。パル判決書にあるように、「南京暴行事件」は『東京裁判資料』にその多くが収録された膨大な「木」＝証言・証拠資料を集成して、南京大虐殺という「森」を全体立証したのである。

したがって、個々に「木」だけを見れば、玉石混交にさまざまな木々があっても不思議はないのである。ところが、否定派は、この一本一本の「木」＝証言を取り上げて、その木が「ニセもの」「その森の木ではない」ことを証明できれば、「森」＝南京大虐殺の存在も否定できるかのごとく倒錯したトリックを使う。本書で解説してきたように否定派の唯一とも言える否定のトリックは、証言、日記、写真、記事、フィルム等膨大な史料群の中に一つでも問題点を発見すれば、それだけを針小棒大に「ニセもの」だと繰り返し宣伝し、「森」の「木」全部が「ニセもの」からなり「森」も「まぼろしの森」であるかのごとく錯覚させることにある。前述した裁判や歴史学における事実認定の初歩的原則を知らない人はこのトリックに幻惑され、南京大虐殺「まぼろしの森」に迷い入ることになる。

否定派は、南京大虐殺の事実を証明する中国人被害者の証言について、いくつかの証言資料の矛盾や欠陥、問題点を摘発して、「偏見」「誇張」「歪曲」「捏造」「反日プロパガンダ」などさまざまなレッテルを貼り「中国人の証言には信憑性がない」と批判、攻撃し、中国側の主張する南京大虐殺そのものが真実性に欠けるかのごとき印象をもたせようとする。

一九四五年三月一〇日の東京大空襲における罹災体験者の多くの証言を比較検討すれば、当日の天候、空襲警報の有無、Ｂ29が目撃できたかどうか、投下爆弾の数、目撃した死者の数、火災発生の場所、地域等々、多数の証言の間にはさまざまな齟齬と思い違いがあり、なかったことを事実と錯覚したり、伝聞を体験と思いこんで記憶している人さえある。そうした空襲体験者の証言の矛盾や欠陥、問題点を指摘するのは容易である。しかし、それらの証言の一部に信憑性がないからというのを口実にして東京大空襲は「まぼろし」「虚構」であるという人はいないであろう。膨大な中国人被害体験者の証言にたいして「中国人の証言には信憑性がない」として南京大虐殺を否定する人たちは、東京大空襲は「まぼろし」というのと等しいことを言っているのである。

――マギー証言は「伝聞の山、憶測ばかり」というウソ

「木」＝証言の信憑性が否定できれば、「森」＝南京大虐殺も「まぼろし」「虚構」と否定できるかのごとく錯覚させるために、否定派の誰もが使うそれこそ「手垢のついた」トリックが、南京安全区国際委員マギーが東京裁判に出廷して行なった証言を「伝聞の山、憶測ばかり」と決めつけてその信憑性を否定する方法である。たとえば、渡部昇一『かくて昭和史は甦る』（クレスト選書、一九九五年）はこう書いている。

一　マギー牧師は、南京市内に作られた安全区を管理する国際委員会のメンバーで

> あり、南京陥落後も、日本軍の行動を監視するということで、南京市内での通行を自由に許されていた人である。だから東京裁判の検事団も、この人の証言をもっとも重視していた。
>
> 東京裁判における「南京大虐殺」の審理は、マギー牧師らの証言を中心に進んでいたわけであるが、反対尋問になって弁護団から「では、あなたが実際に目撃した殺人は、何件でしたか」と尋ねられると、正直にも「たった一人です」と答えているのである。それまで彼は、虐殺の話を証言していたわけだが、それらはすべて伝聞に基づくものであったことが明らかになった。あれだけ行動の自由をもっていた人が、ただ一件しか殺人の現場を見ていないのである。
>
> しかも、彼が目撃したという殺人の状況は、次ぎのようなものであった。南京市内を警備するために歩哨に立っていた日本兵が、一人の中国人を誰何《すいか》した。「お前は何者か」と尋ねると、その中国人は突然逃げ出した。そこで、日本兵は中国人を背後から撃ったというのである。
>
> はたして、これのどこが虐殺であろうか（二九二頁）。

藤岡信勝『近現代史教育の改革』（前出）も、「マギー証人は、〔東京裁判の〕最も有力な証人であり、二日間にわたって日本軍の残虐行為を証言した。だが、本当はその内容のほとんどが伝聞にすぎなかった」と同じことを書く（二〇七頁）。虐殺の全期間現場にいて事件を見聞した南京安全区国際委員たちの記録や証言を「伝聞」「憶測」にすぎないと否定するトリックは、他の安全区国際委員たちが残した資料についても全面的に使われる。たとえば、小林よしのり『「南京の真実」はそう読むな福田和也！」（『新ゴーマニズム宣言　第5巻』小学館、一九九八年）は、「ジョン・ラーベの日記には、日本軍による残虐行為がこれでもかと書かれているが、その多くは伝聞や憶測によるもので、不法行為としての殺人に関しては自ら目撃したケースは一件も書かれていない」と書き、そのあとに東京裁判におけるマギー証言も同様であったというお決まりの否定論が続くのである。

マギーは、南京虐殺事件の具体的実相を立証するために検察側が申請した証人であった。マギーは東京裁判の法廷において、二日間にわたり、自分が南京で目撃、見聞した日本兵の中国人に対する加害事実の証言を行なった。これに対してブルックス弁護人から次のような反対尋問が行なわれた。

ブルックス弁護人　「マギー」証人、それでは只今のお話になった不法行為もしくは殺人行為というものの現行犯を、あなたご自身いくらくらいご覧になりましたか。

マギー証人　私は自分の証言の中ではっきりと申してあると思いますが、ただわずか一人の事件だけは自分で目撃いたしました。
ブルックス弁護人　強姦の現行犯をご覧になったことがありますか。もしあるとすれば、それはいくつくらいでありますか。
マギー証人　私が見ましたのは、一人の男が実際に強姦行為をしていたのであります。もう一つの二人の男というのは、女の子と寝台に横たわっていたのでありますが、その父親のいうには、私がその所に行きますよりすでに前に強姦していたということであります（『東京裁判資料』一〇三頁）。

ブルックス弁護人は、殺す瞬間を何件見たかと質問し、マギーは、一件だけ目撃したと厳密に答えている。それは、マギーの証言によれば、つぎのような場面であった。

私ども〔四人の〕外国人は家のバルコニーから外を見まして、実際中国人が一人殺されるのを目撃したのであります。
それは中国人が私の家の前を歩いていたのでありますが、それは何れも絹の着物を着ておりました。それを日本の軍人が後ろから誰何したのであります。そうしまするとこの中国人は非常に驚きまして、歩行を早めて逃げ去ろうとして、ちょうどその先の所にありました角の所を曲がろうといたしましたところが、その所にはちょうど竹垣がありまして行き詰まりになったために、逃げることができなかったのであります。それを日本の兵隊が追いかけまして、そうして殺したのであります。
まるで彼らは何事もなかったように、さり気なく煙草を吹かしながら歩き続けて行ってしまいました。あたかもそれは野鴨狩りでもしていたような平気な態度でありました（『東京裁判資料』八九頁）。

渡部昇一氏はこの市民の殺害がなぜ虐殺にあたるかと述べているが、前掲の小林よしのり漫画では、人相の悪い中国人が日本兵に呼び止められ、「ハッ」として逃亡していくのを日本兵が背後から射撃する漫画になり、キャプションは「〔マギーは〕唯わずか一件の殺人事件は自分で目撃した。しかもこの一件の殺人事件とは、誰何されて逃げたため追跡されて、射殺されたというもの。戦地においては正当と判断されるものである」となっている。マギーらが目撃した場面は、中国人が日本兵に危害を加えようとしたものでないし、中国人が武器でも秘匿していた作戦行動中にゲリラ兵と認定されたわけでもない、間違いなく一般市民を不法殺害した事例であるが、否定派は読者が『東京裁判資料』など読むはずがないと高を括って、平気でウソの話を脚色する。

――信憑性の高いマギー証言

『東京裁判資料』のマギー証言（八六－一一〇頁）を読めば、彼の証言が「伝聞の山」「憶測ばかり」でないことは正常な判断力を備えた人ならば理解できると思うが、ここではマギー証言が信憑性があることの詳細な説明をする紙数はないので、箇条書き的にその根拠をあげておきたい。

(1)　日本兵が中国人を殺す瞬間を目撃したのは、一件であるが、マギーは中国人が路上を連行されていくところを目撃し、そのように連行されて行った市民が集団殺害されたのを、奇跡的に逃げ帰った知り合いの中国人から具体的に殺害の状況を聞き取り、かつ自分でそのような集団殺害の跡に数多くの死体が放置されていたのを目撃しているのである。たしかに殺害場面だけは伝聞であるが、証言内容が具体的であり、直接目撃している事実とも符合し、前後の事実の流れも自然であって、その信憑性は高い。否定派がいうように、殺害する瞬間を目撃しなければ、「伝聞」にすぎないのであれば、戦場で死亡した兵士も撃たれて倒れる瞬間を見た者がいなければ、戦死も「伝聞」ということになる。

(2)　マギー以外にも、東京裁判にはウィルソン、ベイツらの安全区国際委員の証言、中国人被害者の証言、また文書による証拠として被害者の宣誓供述書、南京安全区国際委員会の報告、アメリカ大使館報告、ドイツ大使館員報告などの多くの証拠資料と比較、照合しても、一致符合するところが多く、信憑性が高い証言であることが裏付けられる。ウェッブ裁判長もマギー証人の証言の「信憑性」を認め、ブルックス弁護人に対して「あなたはあまりにも小さいことを質問なさっていると思います……不必要にあなたは主張することは宜しくありませぬ」と注意をしている(『東京裁判資料』一〇八頁)。

(3) 最近になって、南京事件をめぐる資料の発掘・収集や研究は大きな進展をとげた。マギーが証言の中で証拠として言及した彼自身が撮影したフィルムや写真も発見され(本書第12章)、南京安全区国際委員たちの手紙、日記、報告類が収集、整理されて南京事件調査研究会編訳『南京事件資料集(1)アメリカ関係資料編』(青木書店、一九九二年)として出版された。それらと日本軍側の資料を合わせて笠原十九司『南京難民区の百日——虐殺を見た外国人』(岩波書店、一九九五年)も書かれた。さらにラーベの日記『南京の真実』(講談社、一九九七年)と、マギー自身の日記も滝谷二郎『目撃者の南京事件——発見されたマギー牧師の日記』(三交社、一九九二年)[注4]として発行された。こうした現在研究、公刊されている豊富な資料と東京裁判におけるマギーの証言とを照合してみても、その信憑性が証明されるのである。

マギー証言については、他の多くの証言や資料と比較・照合してその信憑性を検証するのが学問的方法の初歩的原則であるが、否定派はマギー証言の断片だけを切り取り、殺害、強姦の瞬間を直接目撃しなければ、死体があっても、被害女性がいても、「伝聞」であり、事実として認定できないという暴論を平然と主張するのである。日本兵の強姦現場が直接目撃されなければ事実として認定できないという否定のトリックは、現行犯として目撃されなかった強姦事件は中国兵の仕業にしてもかまわないだろうとまで暴走するのが、本書第11章で批判する「反日攪乱工作隊」説である。

［注1］

東京裁判は極東国際裁判所条例に基づいて行なわれたがその証拠能力については「英米法の証拠規則ほど厳格なものではなかった」（東京裁判ハンドブック編集委員会編『東京裁判ハンドブック』青木書店、一九八九年、一一二頁）。

同条例一三条では証拠に関する定めがおかれているが、これは「本裁判所は迅速且ツ適宜ノ手続ヲ最大限度ニ採用シ且ツ適用スベク本裁判ニ於テ証明力アリト認ムル如何ナル証拠ヲモ受理スルモノトス」との立場を採用しているからである。

英米法系諸国では素人である陪審が事実認定を行なう関係から複雑な証拠法則が発達している。これに対し大陸法系諸国では事実認定を裁判官の自由な心証に委ねる自由心証主義を採っていることもあってそれほど複雑な証拠法則は発達していない（小林秀之『証拠法』弘文堂、一九八九年、三－四頁）。

日本の現行刑事訴訟法では証拠能力の制約を定めている一方、民事訴訟法では、法律上証拠能力の制限はない。

［注2］

パル判事は「本官は松井大将としては本件に関連し、法的責任を故意かつ不法に無視したとみなすことはできない〔中略〕彼としては当然、両軍の司令官ならびに軍紀風紀を維持し処罰を加える任務を帯びている他の高級将校に依存しうるのであった」「本官の判断では、市民に関して南京で発生したことに対し、同人を刑事上責任ある者とするような不作為が同人にあったことを証拠は示していない」として松井石根を無罪としたのである。

［注3］

裁判でも「一つの証拠方法によって要証事実を全部立証できることはまれであり、証拠方法はおのずから一定の範囲に限定されることが多い。したがって、証拠方法相互間の補完作業が必要になってくる」（司法研修所編『改訂民事弁護における立証活動』日本弁護士連合会、一九八四年、一〇七頁）ことはいわば常識の部類に属する。

［注4］

同書で紹介されている「日記ノ如キ手紙ノ集マリ」は、東京裁判の証言の際、マギーは「私ガ秩序ヨク陳述スルコトガ出来マスルヤウニ、私自身ヲ準備スル為ニ見テ居ルノデアリマス」として記憶喚起のために利用していた資料である。この資料のなかには逃げ帰った料理人や牧師の息子の例などマギーが証言した事実が記録されている。また、パル判事が疑問を呈している事例に照応するとみられる事件も記されている。

第11章

第 11 のウソ

中国軍がやった残虐行為を日本軍の仕業にしている

「反日攪乱工作隊」説なるものがある。
日本軍が中国人女性に対して行った卑劣な行為は
実は日本軍の仕業に見せるための中国側の陰謀だった、というものだ。
否定派には、このような根拠のない妄言を撒き散らすことで
犠牲者を一度ならず二度、三度と痛めつけていることへの自覚はまったくないようだ。
本論では「反日攪乱工作隊」説が、
資料の恣意的な取捨選択と誤訳に支えられた妄想以外の
なにものでもないことを明らかにする。

11.

妄想が産み出した「反日攪乱工作隊」説

笠原十九司

——荒唐無稽な反日攪乱工作隊謀略説

日本軍占領下の南京で中国人にたいする虐殺、強姦、掠奪、放火などが行われた事実を否定できなくなった南京大虐殺否定派（否定派と略称）は、「日本軍の仕業に見せるために中国軍の反日攪乱工作隊がおこなった謀略だ」とまで主張するようになっている。否定派の「広告塔」小林よしのり氏の「『南京の真実』は真実でない」（『新ゴーマニズム宣言　第5巻』小学館、一九九八年）はこう記す（漫画のキャプションのみ記す）。

一　実際、中国兵が安全区内でかく乱工作員となって強姦や略奪を繰り返し、それを日本兵の仕業に見せかけていた、という記事が当時の「ニューヨーク・タイムズ」や「チャイナ・プレス」にも載っている。

ラーベに見つかるようにラーベ宅に侵入し、ハーケンクロイツを見てたちまちこわがって退散したり、ラーベ宅の周りばかり放火しているのは、多分、この工作員の戦術だろう。

この辺、亜細亜大学の東中野修道教授が詳しくて今、論文〔『「南京虐殺」の徹底検証』に収録〕を書いておられる。

犬飼總一郎氏〔南京戦に参加した元将校〕の話では、南京市内にいた中国兵は三万人だったという。そして何とそのうち二万人の兵が安全区の中に逃げ込んで便衣〔市民になりすます〕になったというのだ。おそるべき数の工作員が安全区の中で暴れ回って、これを全て日本軍の仕業に見せかけ、ラーベらに報告していたのだ。

さらに小林よしのり『戦争論』ではこう描く。

南京の安全区の中に二万人の国民党軍のゲリラが入り込み、日本兵に化けて略奪・強姦・放火を繰り返し、これをすべて日本軍のしわざに見せかけていた（四五頁）。

日本軍が行なった不法行為をすべて中国軍の仕業にして非難するのは、日本軍当局の常套手段で、当時の日本の新聞報道もこのように報道していた。

「なお潜伏二万五千　敗残兵狩り続く　外国権益を特別保護」

敗残兵にして便衣に着替えて市中に潜伏するもの二万五千名と推定されているので、我軍は清掃〔粛正〕に努力し、一方敗残兵の嫌疑あるものは取り調べ、老若婦女に保護を加えている。外国権益に対しては特別に保護を加えると共に、皇軍の厳粛ぶりを示すのはこの時とばかり、将兵一同は市内建築物、物資の保存保護に努め、倉庫等には一々歩哨を立て在庫品の紛失を防いでいるが、中を調べると既に敗残兵のため掠奪されて倉庫はからっぽとなり、歩哨を立てなくてもよいというナンセンスさえあった。(『東京朝日新聞』一九三七年一二月一六日)

「自国軍に掠奪される哀れな支那避難民　ドイツ婦人記者の南京脱出記」

フランクフルター・ツァイツング紙支那特派員リリー・アベック女史は南京陥落を前に逃亡する支那兵と共に漢口に赴いたが、女史が十二月初旬に漢口から郵送した南京脱出記……長江筋一帯の船舶は全部支那軍に徴発されており、民衆は逃亡兵の掠奪に遭って、すっかり興奮している。(『東京日日新聞』一九三七年一二月二一日)

「南京悶絶戦慄の一ヶ月——一外人（特に匿名）の日誌」

十二月十二日　城外の支那軍総崩れとなり、八十七師、八十八師、教導総隊は学生抗日軍を残し市内に雪崩込み、唐生智は激怒して彼が指揮する三十六師に命じ、これら敗残兵を片っぱしから銃殺する……敗残兵の放火、掠奪なさざるはなく、恐怖に陥る。（『東京日日新聞』一九三七年一二月二〇日）

田中正明『南京事件の総括』も「第四章断末魔の南京」で「中国軍による焼き払いの狂宴」「中国兵による掠奪」「便衣兵数千が難民区に遁入」の節を設け、総崩れとなって敗走する中国軍の不法行為のみを取り上げて掠奪、放火をすべて中国軍の仕業にしている。否定派は南京事件を証明する史料でも一部分の片言隻語だけを引用して、否定のために悪用するのを常套手段とする。日本軍占領下の南京に踏みとどまった外国人たちは、陥落時の中国軍が脱出、避難のために必要な物資を掠奪したり不法行為をはたらいたことをきちんと記録したうえで、進駐してきた日本軍の蛮行がはるかにひどかった事実を怒りをもって書いている。否定派はその主要な部分を恣意的に排除する。たとえば、『ニューヨーク・タイムズ』のダーディン記者はこう記しているのである。

南京に中国軍最後の崩壊がおとずれた時、人々の間の安堵の気持ちは非常に大きく、また、南京市政府および防衛司令部が瓦解した時の印象はよくなかったので、人々は喜んで日本軍を迎えようとしていた。

しかし、日本軍の蛮行が始まると、この安堵と歓迎の気持ちはたちまち恐怖へと変わっていった。日本軍は広く南京市民の支持と信頼をかち得ることができたかもしれなかったのに、逆に、日本への憎しみをいっそう深く人々の心に植え付けた。(『ニューヨーク・タイムズ』一九三八年一月九日、南京事件調査研究会編訳『南京事件資料集(1)アメリカ関係資料編』青木書店、一九九二年、所収)

ダーディン記者がいう「日本への憎しみ」をかきたてた最大の残虐行為は日本軍による中国女性の凌辱であった。「戦争に敗れ焼かれたり殺されるのは、民族と国家の犠牲として考えうるものだが、しかし婦女強姦は何としても卑劣な行為であって国家民族の骨にまで達する仇であり、すべてを顧みず死を誓って反抗に立ちあがらねばならない、と。多くの英雄的な事実は、この敵愾心《てきがいしん》に支えられたものだろう」(蔣公穀「陥京三月記」、同前(2)中国関係資料編、所収)と、当時南京に潜伏していた中国軍軍医は婦女凌辱行為を目撃、見聞した「憎しみ」の思いを書いている。

この卑劣な行為を中国軍の仕業にしようというのが、東中野氏の「反日攪乱工作隊」説であり、中国人をさらに侮辱し、二重、三重に傷つけるものである。

――「反日攪乱工作隊」説デッチ上げのトリック

東中野修道『「南京虐殺」の徹底検証』は、実際にあった南京大虐殺を「なかった」と「徹底検証?」するために、「あったことをなかった」「なかったことをあった」というための騙しのトリックを使う。ここでは、氏の「反日攪乱工作隊」説捏造のトリックを解剖してみるが、同書の他の論稿もほぼ同じ方法と手口を使っている。

氏が「反日攪乱行為に暗躍した支那軍将兵」の存在を「発見」したという史料は、小林よしのり氏が指摘する『ニューヨーク・タイムズ』と『チャイナ・プレス』の二つの記事である。一つは、"Ex-Chinese Officers among U. S. Refugees, Colonel and His Aides Admit Blaming the Japanese for Crimes in Nanking" というタイトルの『ニューヨーク・タイムズ』(一九三八年一月四日)の記事である。東中野氏はこれを「元支那軍将校が避難民の中に――大佐一味が白状、南京の犯罪を日本軍のせいに」(傍点は引用者)と訳出しているが、私が訳せば「アメリカ人施設の難民の中に元中国軍の将校――大佐と彼の部下は、南京において悪事を日本軍のせいにしたことを認める」となる。東中野氏の訳は「大佐一味」が南京全域で「反日攪乱工作」をしたと決めつけるための訳である。

記事は、南京の金陵女子文理学院の難民区に逃げこんだ中国軍の元将校と部下が、武器を同建物に隠していたのを日本軍に発見され、逮捕されたという内容で、最後を東中野氏はこう訳している。

この元将校たちは、南京で掠奪したことと、ある晩などは避難民キャンプから少女たちを暗闇に引きずり込んで、その翌日には日本兵が襲ったふうにしたことを、アメリカ人たちや他の外国人たちのいる前で自白した。

この元将校たちは逮捕された。戒厳令に照らして罰せられ、恐らく処刑されるであろう。（二七五頁）

「戒厳令に照らして」と訳出しているが、中支那方面軍が南京に「戒厳令」を敷く権限でもあったというのだろうか。ここに全文を紹介する紙数はないが、東中野氏の訳は、金陵女子文理学院のアメリカ人教授が、自分たちが難民キャンプの「二番目に権力ある地位につけて」までして「大佐一名と将校六名を匿っていたことを発見し、心底から当惑した」という陳腐な訳になっている。自分たちで匿って、自分たちで発見して当惑したというのである。ここでは、後述するように日本の憲兵が難民区に潜伏していた中国軍将兵の武器隠匿を発見して（おそらく中国人の対日協力者か難民内部からの密告があって）逮捕し、日本軍の軍法（戒厳令ではない）に照らして処刑されるであろう、という内容である。東中野氏の訳からも、元中国兵は少女を暗闇に引きずり込んで（強姦したとまでは書いていない)、翌日にそれを日本軍が襲ったかのように非難したことが言われているが、掠奪まで日本軍の仕業に見せるため「反日攪乱工作」したことを証明する史料ではないことは、確認できよう。したがって東中野氏のように記事タイトルを「南京の犯罪を日本軍のせいに」と訳すのはオーバーで、私のように「南京において」と場所を示すように訳すのが適訳であろう。

金陵女子文理学院の難民キャンプで元中国兵が摘発された事件があったことは、同キャンプの最高責任者であったミニー・ヴォートリンの日記(イェール大学神学図書館所蔵)にもこう記されている。ただし、『ニューヨーク・タイムズ』の記事内容が事実であるという確認ができるものではない。

> 一九三八年一月一日――私たちは、特別な権力を持つとみえる憲兵が、今日、数人の普通の〈中国人〉兵士〈七人〉をゆゆしき非行のかどで逮捕し、銃殺すると考えていると、告げられた。

ヴォートリンの日記から、先の『ニューヨーク・タイムズ』の「上海発一月三日」とだけしか書いていない記事の情報の出所が、日本軍の憲兵隊にあることが推定される。この時点で南京には英、米、独の大使館員はまだ復帰が認められず、欧米の新聞記者もいなかったから、上記の情報を上海に送信できるのは日本軍当局だけであった。

安全区国際委員であったロバート・O・ウィルソンの日記には、右の事件かあるいは同類の事件がこう記されている。

一九三七年一二月三〇日——きょう哀れな愚か者が、大学の養蚕施設にある難民キャンプに避難している男性のことを怒って、こともあろうに日本兵を数人連れてきて、六挺のライフル銃が埋めてある場所を教えてしまった。激しいののしり合いがあって、四人の男性が連行された。うち一人は中国陸軍の大佐だったという忌まわしい罪をきせられた。彼がまだ生きているとは考えられない（前掲『南京事件資料集(1)アメリカ関係資料編』二九一頁）。

東中野氏が発見したというもう一つの史料は、『チャイナ・プレス』（一九三八年一月二五日）の記事で、その前日に公表された「南京日本軍憲兵隊の報告書」を次のように引用したものである。

その報告書の主張するところによれば、彼らのなかには南京平和防衛軍司令官王信労（音訳）がいた。彼は陳弥（音訳）と名乗って、国際避難民地帯の第四部門のグループを指揮していた。前第八十八師の副師長馬跑香（音訳）中将や、南京警察の高官密信喜（音訳）もいると言われている。

馬中将は安全地帯内で反日攪乱行為の煽動を続けていた、と言われる。また、安全地帯には黄安（音訳）大尉のほか十七人が、機関銃一丁、ライフル十七丁をもってかくまわれ、王信労と三人の部下は掠奪、煽動、強姦に携わったという。（二七七頁）

この南京日本軍特務部の報告書の引用にある「強姦に携わった」という一語が、東中野氏が「注意すべきは、安全地帯の支那軍将兵たちは強姦の話を撒き散らしただけではなかった。それを証明すべく、自ら『強姦に携わった』か強姦未遂に携わったことである」と断定する厳密な意味での唯一の根拠である。この断定が東中野氏のその後の論理展開において、日本軍の仕業に見せるために「自作自演の強姦劇」をやる中国軍の反日攪乱工作隊の暗躍という「妄想」へ、実証的裏付けもせずエスカレートしていく。「掠奪、煽動、強姦に携わった」という引用文の“rape”は「強姦」と訳すとはかぎらない。「掠奪、強姦、煽動」という語順ならば「掠奪、強姦を煽動した」と「強姦」の意味にもとれるが、「煽動」の後ならもっと広義に「不法侵犯行為」と訳した方が自然である。“The Rape of Nanking”を「南京の強姦」と訳すより、「南京の暴虐」とでも訳したほうが英語のニュアンスに近いのと同じである。いずれにせよ、憲兵隊の日本語の報告で「強姦」と記されているのを確認できなければ、この英文記事だけから東中野氏のように中国軍将兵が「強姦」をしたとは断定はできない。

右の憲兵隊の報告があった頃、難民区に避難、潜伏していた中国軍の将兵の中に、軍人精神を忘れずに隠していた武器を集めて将兵集団で武力抵抗を試みて失敗した事件が何度か起こり、さらには中国人のいう漢奸（裏切り者）の密告や、武器を発見されれば付近一帯の難民も見せしめに殺害されたから、それを恐れての難民からの密告もあって元将兵が摘発された事件が発生した。右の憲兵隊の報告は、そうした武力抵抗を試みようとしたグループを摘発した時のものであろう。拙稿「南京防衛戦と中国軍」（洞富雄他編『南京大虐殺の研究』晩聲社、一九九二年）に詳述したように南京陥落時に長江を渡って撤退する手段のなかった多くの中国軍将兵が軍服を脱ぎ捨て、武器を放棄して難民区に避難した。精鋭部隊の将兵には蔣介石が宣言した南京奪回の日に呼応すべく武器を隠したのち、適度に分散して隠れていたのも事実である（否定派はすぐそれを国際戦時法違反とかいって非難したがるが、宣戦布告もせずに、国際法に違反して南京まで侵略して、一方的に軍事占領を続けるという「強盗行為」をやったのは日本軍であるという前提は忘れるべきではない）。

南京難民区に潜伏した中国軍の元将兵たちの多くは生き延びて当時国民政府があった漢口に脱出する機会を待つか、死を覚悟して最後の武装蜂起をして軍人精神をまっとうするかを考えたのであり、そのために軍人が隠れていることを警戒して迷惑がる難民にも気付かれないように、用心深く潜伏していることが、大切であったのである。それなのに、世界からの通信手段も絶たれていた陸の孤島の南京で、当時にあっては可能性も未知数な国際的非難を呼び起こすために、自分たちの存在を日本軍側に知られ、難民に密告される危険を冒してまで、中国兵が中国人を「強姦」して見せたという東中野氏の「反日攪乱工作隊」説の発想は、現実を無視した「妄想」といえるものである。と同時に歴史事実として、南京事件が世界に広く知られるようになった結果を知ったうえでの後智恵的な「妄想」であることが分かる。

それにしても南京事件の事実を報道する『ニューヨーク・タイムズ』『チャイナ・プレス』の記事の多くを見ていながら、それらの記事から謙虚に歴史事実をくみ取ろうとせず、南京事件否定に引用できそうな瑣末記事だけを探しだそうとする東中野氏の態度は、学問的客観性を欠いた政治イデオロギー性の強いものである。

――欺瞞的な「例証」のトリック

東中野氏の「反日攪乱工作隊」説の根拠になった「基本史料」の分析は以上であるが、学問的訓練を受けた人ならば、謀略を任務とした憲兵隊の情報に基づくこの新聞記事だけで、多くの中国軍将兵が「反日攪乱工作」のために「強姦」を行なったとは断定しないであろう。

つぎに氏は中国将兵が「反日攪乱工作」のために「強姦に携わった」事実を「例証」「傍証」するための史料を引用するが、歴史事実ではないウソを「例証」するためのトリックを使う。すべての「例証」のウソを解剖してみせる紙数の余裕がないのが残念であるが、ここでは三つの「例証」のウソを例示する。

一つは、ソ連大使館が放火されたのは、同所には日本兵が決して入り込まない所であるから、中国軍隊の仕業であると推定して番人から一札を取ったという上海派遣軍参謀長・飯沼守少将の日記（一九三八年元旦）を引用して「安全地帯に潜伏中の支那軍将兵が悪事を働いた」という例証にしている（二七七頁）。しかし、飯沼守少将の日記（一月四日）には、ソ連大使館焼失に関連して、当時、日本軍笹沢部隊の三名がソ連大使館に入り込んで食糧掠奪していたのを特務部の岡中佐が目撃したことが記されている。飯沼少将の日記からは、ソ連大使館は日本兵の入り込まない所なので中国軍隊の仕業と判断した彼の根拠が崩れたこと、しかも放火は日本軍下士官らの仕業であった可能性が読み取れる。少なくとも中国軍の仕業説は否定されているのに、東中野氏はこれを「支那軍将兵の悪事」の「例証」に「悪用」しているのである。

一つは、東京裁判に提出された国際安全区委員のマッカラムの日記を「支那人の中から、強姦は支那軍がやったのだと証言する者が現れる」と中国軍強姦説の「例証」に引用している（二七七頁）。ここで、東中野氏は以下のように欺瞞的な引用の仕方をする。

一九三八年一月八日――今、日本兵は安全地帯における我々の努力を信用せぬように試みております。彼らは貧賤な支那人を脅迫して、我々が云ったことを否認させようとします。支那人のある者は容易に掠奪・強姦および焼打などは支那軍がやったので、日本軍がやったのではないと立証すらいたします。
我々は今、狂人や馬鹿者を相手にしているのだと時々考えます。また我々外国人は全部生きてこの厳しい試練を経たのだと不思議と思います。（洞富雄編『南京大残虐事件資料集(1)極東国際軍事裁判関係資料編』青木書店、一九八五年、一二五頁）

東中野氏は右のマッカラム日記の傍線部分だけを引用して中国軍強姦説の「例証」にしているのである。マッカラム日記は、安全区国際委員会のメンバーが日本軍の残虐行為を阻止すべく日本大使館やアメリカ大使館に対して不法行為を告発、抗議しているのに対して、日本軍の特務機関関係者が、貧しい人々を金品で買収し、かつ「言う通りにしなければ命を保障しない」といった類の脅迫をして、安全区委員会の抗議している日本軍の暴行は、実は中国軍が行なったものだと証言するように迫り、実際にそれに従った難民、中国人がいたことを書いている。「狂人や馬鹿者を相手にしている」というマッカラムの激しい言葉は、日本軍の強姦行為を中国軍の仕業に見せようと謀略を企てる狂人＝日本軍と、それに金品と脅しで従い、命懸けで救済に奔走する外国人の恩を仇で

返す馬鹿者＝中国人がいることへの怒りの吐露なのである。その買収、脅迫された中国人のウソの証言を、中国軍強姦説の「例証」に「悪用」している学者が現在の日本にいることを天国のマッカラムが知ったら、なんと言うだろうか。

マッカラムの日記からは、日本軍特務機関が、南京事件の情報が上海の欧米人から世界中に広がりつつあったのに対抗して、南京の非行は中国軍の仕業であるという情報を流すための謀略活動を行なっていたことが分かる。東中野氏が「反日攪乱工作隊」説の根拠にした「基本史料」も、そうした情報活動をしていた憲兵隊が出所のものである。

もう一つは、アメリカ人ジャーナリスト、ジョン・B・パウエルの回顧録から、一九二七年の南京事件で、外国人記者により、外国人女性凌辱事件が事実を踏まえないで誇張して報道されたのは、列強の武力干渉を引き起こそうという反動勢力の狙いがあった、と彼が批判した文章を「例証」に引用し、一九三七年の南京事件においても信憑性のない婦女凌辱報道が同様な意図から行われたと結論している（二七四頁）。

東中野氏は出典を『在支二十五年』としか記していないが、John B. Powell, *My Twenty-five Years in China*, The Macmillan Company, 1945. からの引用である（同書の一五六頁）。パウエル氏が言及した南京事件は、一九二七年三月、国民革命軍が南京に入城した時、外国権益の強制回収をめざす革命側が日本、イギリス、アメリカ等の領事館を襲撃し、これに対してアメリカ、イギリスの軍艦が南京城内に威嚇砲撃を加えた事件である。この時、外国人記者たちが革命側の軍と民衆が外国人女性を強姦したという巷のデマを報道したことをパウエル氏は強姦の事実がなかったことを確認して、批判したのである。

しかし、パウエル氏は同じ回顧録で一九三七年に日本軍が引き起こした南京事件は、一九二七年の南京事件と比較にならない苦難を南京住民に与えたとはっきりと書いている。しかも一九三七年の「レイプ・オブ・南京」は、第三次ポエニ戦争でローマ軍がカルタゴを征服、破壊した時に住民に与えた野蛮性に匹敵するとまで書いているのである。東中野氏が彼の文章を引用して、南京事件における日本軍の婦女凌辱の報道に信憑性がない「例証」にしようとしたのとはまったく逆に、パウエル氏の書は「南京における外国人宣教師たちの国際グループからの真正の報告によれば」と信憑性を高く評価したうえで、彼らがもたらした情報に基づいて、日本軍が難民区のミッションスクールから中国女性と少女を拉致していった事実も含めて、南京大虐殺の実際の様相を詳述している。さらには南京安全区国際委員の宣教師たちが撮影した写真を上海で直接に見た衝撃も書いている（同書、三〇六―三〇八頁）。

パウエル氏の回顧録の中の、一九二七年の南京事件についての一部の文章だけを引用し、彼が同書で事実であったと明確に記している南京大虐殺を否定するための「例証」に東中野氏が「悪用」するのは、氏の著作にたいする冒瀆である。東中野氏はウソを

「例証」するために学問的にはとても許されないことを平然とやっているのである。

――自由自在に中国兵「反日攪乱工作」を捏造

東中野氏は、自分では「基本史料」を発見し、「例証」によって中国軍の「反日攪乱工作」が「実証」されたとして、つぎにそれを拡大応用して、自由自在に「反日攪乱工作」の事例を捏造していく。以下その例示だけにとどめる。

(1) 東京裁判でマギー牧師が証言した、家屋に侵入してもマギーらが駆けつけるとたちどころに逃げていった日本兵は、欧米人に掠奪・放火・強姦を見てもらうためにやってきた「反日攪乱工作隊」の中国兵であったのだ。欧米人に目撃されれば煽動の目的が達成されたから、あとは日本軍に見つからないようにすぐに逃げたのだ(二七八頁)。

(2) 南京安全区国際委員が中国人から連絡を受けて強姦現場に駆けつけたという記録は、「反日攪乱工作隊」メンバーが、連絡をして委員を呼びに行く者と、駆けつけた西洋人に日本兵がしているように強姦の現場を見せる実行者とに役割分担をして、擬装したものだった(二八一頁)。

(3) ラーベ日記に、難民に開放していたラーベ宅にラーベが帰宅すると、侵入した日本兵が強姦しようとしていたところに遭遇、彼が駆けつけて追い出したと記されているのは、ラーベ宅に潜んでいた中国軍の大佐一味が、ラーベの帰宅時間を見計らって、日本兵の仕業に見せるために「自作自演の強姦劇」をやったのだ（三九七頁）。

(4) ラーベ日記の記述に、ラーベの家の周辺で放火や強姦がやたらと多いのは、ラーベに日本兵がやったと日記に書かせるために、「反日攪乱工作隊」が狙い撃ちして放火や強姦を行なったからだ（三九六頁）。

氏は中国軍の「反日攪乱工作隊」の実在をトリックで納得させることができたと思い込んだのか、後は右の事例のように史料的裏付けもまったくなく、想像、推測だけで自由自在に「反日攪乱工作隊」の活動を捏造し、中国兵を犯罪人に仕立て上げ、南京安全区国際委員の日本軍暴行の記録を中国兵の謀略であったと塗り替えていく。もはや学問とは無縁な「妄想の世界」である。そしてウソがどんどん大げさになって、冒頭に紹介した小林よしのり『戦争論』の「南京の安全区の中に二万人の国民党軍のゲリラが入り込み、日本兵に化けて略奪・強姦・放火を繰り返し、これをすべて日本軍のしわざに見せかけていた」という荒唐無稽な「反日攪乱工作隊」謀略説にまでゆきつくのである。

――ことさらに「支那」と呼ぶ中国蔑視論者

南京事件否定派には石原慎太郎都知事がそうであったように、中国のことを「支那」

とことさらに蔑称する人が多い。東中野氏は戦後生まれにもかかわらず、本稿に引用した彼の文章に明らかなように、意識的に「支那」という蔑称を使用している。それは、東中野氏が強烈な中国人蔑視意識の持ち主であることの表明であり、日中戦争が誤った侵略戦争であったという反省の意識をもっていないことの表明でもある。東中野氏には、南京事件を引き起こす最大原因である南京攻略戦が国際法に違反した不法行為であった（本書第3章に前述）という意識に欠けるから、日本軍は戦時国際法を遵守し、悪いのはすべて中国軍だという論を容易に展開する。

戦前の日本政府は、中華民国という正式な国名があり、略称として中国という呼称があったにもかかわらず、蔑視し、軽視する意味でことさら「支那」と公文書にも表記し、正式な国名を無視した。日本国民も日清・日露戦争以降、中国や中国人に対する優越感と蔑視意識から「支那」「支那人」と呼び、日中戦争では「暴戻《ぼうれい》なる支那の膺懲《ようちょう》」「抗日支那の膺懲」というスローガンのもとに侵略戦争を強行した。中国では、一九三〇年に国民政府外交部から日本政府に「支那」ではなく中国の呼称に変えるよう要請がなされたが、日本側はほとんど無視をした。一九四六年六月、戦勝国として東京に来た中国代表団から日本の外務省に「支那」という呼称を使ってはならないという通達があり、外務次官は、新聞社、出版社、大学等に対して「支那」という名称の使用を避けるよう通達をした。以後、日本人は「支那」という呼称を一般に使用しなくなった。現在では中国侵略戦争への反省とともに、「支那」という呼称に象徴される日本人の中国人蔑視、侮蔑意識が侵略戦争を支えていたという反省に立って、そして何よりも中国人が「日本人が『支那』と呼ぶとき、日本が中国を侵略し、中国人を侮っていた頃の歴史を想起する」として忌み嫌っていることを尊重して、良識ある日本人は「支那」という言葉は使わない。

東中野氏がことさらに「支那」「支那人」という呼称に執着することは、彼が南京事件を引き起こした当時の日本軍の中国人蔑視意識を引きずっていることの証左である。本稿でそのウソを批判してきたような「反日攪乱工作隊」説すなわち日本軍の強姦を中国兵の仕業にしてもかまわないとするのは、中国人蔑視意識が心底にあるからであろう。

南京事件における日本軍の強姦行為がなかったという否定説をさらに踏み出して、多くの婦女凌辱事件を中国軍の仕業に転嫁した東中野氏のウソは、被害者の中国人女性を二重、三重に傷つけるものであり、中国人の名誉を深く傷つけるものである。

「日中共同宣言」(一九九八年一一月)で日本政府は「過去の一時期の中国への侵略により、中国国民に多大な災難と損害を与えた責任を痛感し、深い反省を表明した」のであり、侵略戦争を反省する歴史認識に立って、日中友好を進めることが現在の日本の国是である。東中野修道、小林よしのり氏らのウソは、日本の「国益」にも反するものである。

第12章

第 12 のウソ

南京大虐殺の写真はニセものばかりだ

南京大虐殺に関する写真には、誤用問題が少なからず起こり得る。
それは、当時陸軍の厳格な検閲制度があり、たとえ虐殺現場に
居合わせた記者がいたとしても、日本軍に不利な写真は撮影できなかったからだ。
つまり、現在出所がはっきりしている写真というのは
たいてい陸軍省お墨つきのヤラセ写真なのである。
否定派は誤用が起こり得る背景には触れずに、一つでも間違いを見つければ
著作のすべてをファナティックに否定する。時と場所は違っても
日本軍の残虐行為を写していることに変わりはない誤用写真を
はたして「ニセ写真」と断定できるのだろうか。

12. 南京大虐殺はニセ写真の宝庫ではない

笠原十九司

――否定派の「ニセ写真」攻撃

南京大虐殺論争に敗退した否定派が「敗者復活」を夢見て攻撃を集中しているのが、彼らのいう南京大虐殺「ニセ写真」である。小林よしのり『戦争論』は「第一一章反戦平和のニセ写真を見抜け」につぎのように大仰に書く。

〈南京大虐殺はニセ写真の宝庫〉
「南京大虐殺」はニセ写真の宝庫である。厳密な資料批判に耐え、「これが日本軍による民間人大量虐殺の証拠」といえる写真はまだ一枚も出てきていない。

今、アメリカでアイリス・チャンという中国系米人女性が書いた『レイプ・オブ・ナンキン』という本がベストセラーになっている。この中もやはりニセ写真の宝庫である。

〈謝罪・回収に至った極悪ニセ写真〉

〔笠原が〕岩波新書で『南京事件』というのをだした。ところがその本にも重大なニセ写真が使われていたことが、日大の秦郁彦教授によって明らかにされた！なんとこれは日本兵が「警備」していたのを「拉致」していたと正反対に書くという「キャプション捏造」の手口の中でも極悪の質のものだった！

結局、岩波書店は冊子『図書』の中で、この極悪ニセ写真について謝罪、積極的回収はせず出荷停止、購入した人の申し出で交換することになった。この極悪ニセ写真、今、アイリス・チャンが使ってベストセラーとなり、アメリカ人をだましまくっている（一六四－一六六頁）。

私が『南京事件』の章扉に掲載した一枚の写真は、国民政府軍事委員会政治部『日寇暴行実録』に収録されていた日本軍が中国人女性を護送している場面の写真で、オリジナルは朝日新聞のカメラマンが撮影したものだった。同書のキャプションは日本軍が中国女性を日本軍司令部に連行して凌辱、輪姦、銃殺となっていたのが、私は「日本兵に

拉致される中国人女性たち」というキャプションを付して掲載したのである。その時点で私が国民政府が同写真を抗日プロパガンダに悪用したものであることを見抜けなかったことを反省し、「新書『南京事件』の掲載写真について」(『図書』一九九八年四月号)を書いて、誤用した写真は差し替えた。

歴史書に写真を史料として掲載する場合、注意をしていても誤用してしまう場合がある。大切なのは写真の利用にさいして厳密な検討・批判を心掛けるとともに、誤用が判明すればそれを改め、事実を伝える写真に差し替え、以後はさらに写真史料批判を厳格にする努力を心掛けることである。しかし、森村誠一『続・悪魔の飽食』(光文社、一九八二年)が写真誤用で右翼勢力から強烈な批判攻撃と圧力をうけて『悪魔の飽食』とともに出版停止に追い込まれ、中国帰還者連絡会編『新編三光』(光文社、一九八二年)が一枚の写真の説明が誤っていたのを批判、攻撃され、欠陥本として市場から引き上げられてしまったように、日本において写真誤用は、侵略戦争の実態を国民が知ることを阻止しようという右翼、保守勢力による攻撃と圧力のターゲットにされる。日本社会ではそうした言論出版の自由への脅迫活動が、放任されたままである。

『戦争論』にあるように、拙著の一枚の写真の誤用も否定派からの攻撃のターゲットにされ、書物全体の信憑性が疑わしいと思わせるため、そして可能ならば出版停止に追い込むために、産経新聞、読売新聞、『正論』『諸君!』『SAPIO』をはじめ、枚挙にいとまがないくらい、攻撃が繰り返された。『SAPIO』(一九九九年七月一四日号)は、「謀略の『南京大虐殺』キャンペーン」を特集、「虚報・『証拠写真』はこうして作られた　情報戦の強力な〝武器〟になった『南京大虐殺カラクリ写真館』」という編集部の記事があり、そこでも拙著の写真誤用が執拗に取り上げられ、批判されている。

現在のドイツ社会では、ナチスの戦争犯罪の歴史を正視して出版、報道していこうという歴史認識のコンセンサスが政府、国民の間に築かれている。日本社会では、日本の侵略戦争の歴史を解明しようとする言論・出版活動に圧力を加え、阻止、妨害しようとする右翼、保守勢力の活動が野放しにされている。否定派の狙いは、相手の著作や作品、企画品に一つでも誤りや矛盾を発見すると、それを針小棒大に宣伝、攻撃して、全体の信憑性に疑問をもたせることにある。今、否定派が「ニセ写真」攻撃に集中しているのは、一枚の写真誤用でも発見すれば、それを著書全体の信憑性を疑わせ、ひいては作者の社会評価までも失墜させることを狙えるからである。

森村誠一『続・悪魔の飽食』、中国帰還者連絡会編『新編三光』が誤用写真を差し替えて別の出版社から出版されて、現在でも多くの読者を得ているように、批判され気づいた時点で誤用写真を改めれば、著書全体の信憑性はより高くなるのである。拙著の場合は、さいわいなことに、岩波書店側が圧力、攻撃に屈せずにしっかりと対応し、出荷一時停止と取り替えの処置を取って、出版停止にはいたらなかった。

現在、「自由主義史観研究会」は「プロパガンダ写真研究会」を組織して、全国の地方自治体が設立、あるいは企画している平和祈念館における戦争加害の歴史を展示した写真やビデオにたいする「ニセ写真」「ニセ映像」攻撃に力を入れ、写真の誤用を発見したら、展示そのものを中止、撤回させる圧力的行動を展開している。さらに、アイリス・チャン『ザ・レイプ・オブ・南京』が日本ではまだ翻訳が出版されておらず、日本人にはほとんど影響を与えていないのに、同書に掲載されている誤用写真を取り上げて、敗退した南京大虐殺論争の憂さをはらし、あわよくば「敗者復活」ができるかのごとく「ニセ写真」攻撃に熱中している（それがアメリカでは〝日本の反動勢力の攻撃と闘うチャン〟というイメージを高める皮肉な結果もたらし、逆に日本社会のイメージを貶しめているのだが）。藤岡信勝・東中野修道『「ザ・レイプ・オブ・南京」の研究——中国における「情報戦」の手口と戦略』（祥伝社、一九九九年）はその好例である。

——日本軍部が撮らせず、報道もさせなかった虐殺写真

アメリカのベトナム侵略戦争では、戦場におもむいた世界のカメラマンたちが、アメリカ兵のベトナム民衆に対する虐殺、残虐行為の現場を撮影して報道したことが、その侵略的本質を視覚をとおして世界の人々に認識させる役割を果たした。

しかし、南京戦では、日本から二〇〇名を超える新聞記者、カメラマンなどの大報道陣が送りこまれ、少なからぬ者が日本軍の虐殺、暴行、放火などの現場を目撃しているにもかかわらず、その時は撮影もせず、報道もしなかった。当時新聞連合社(後の同盟通信)の上海支局長をしていた松本重治氏の回想録『上海時代(下)』(中公新書、一九七五年)に、南京にいた従軍記者の中に捕虜虐殺や強姦、暴行などを目撃、見聞していた人が何人もいたことが紹介されている。東京日日新聞(現毎日新聞)カメラマンの佐藤振壽氏は中国軍の敗残兵約一〇〇名を虐殺している現場にいあわせたが、写真は撮らなかった。「無抵抗で武器を持たない人間を殺すのには、自己の精神を狂気すれすれまで高めないと、殺せないのだろう」「銃殺や刺殺を実行していた兵隊の顔はひきつり、常人の顔とは思えなかった」「写真を撮っていたら、おそらくこっちも殺されていたよ」と回想している(同「従軍とは歩くこと」『南京戦史資料集II』偕行社、一九九三年、六一一頁)。

日本の従軍カメラマンたちが、虐殺現場にいて、殺害場面を目撃しても、撮影しなかった最大の理由は、当時「新聞掲載事項許否判定要領」(一九三七年九月九日、陸軍省報道検閲係制定)に基づく厳しい陸軍の検閲制度があって、検閲をパスしなければ報道できなかったからである。同要領では次のものは「掲載を許可せず」となっている。

一四　左に列記するものは掲載を許可せず

⑿　我軍に不利なる記事写真

⒀　支那兵または支那人逮捕訊問等の記事写真中、虐待の感を与える虞《おそれ》あるもの

⒁　惨虐なる写真、ただし支那兵または支那人の惨虐性に関する記事は差し支えなし

五　映画は本要領に準じ検閲するものとす

（『不許可写真1』毎日新聞社、一九九八年、二二三頁）

右の検閲要領を知る南京戦地のカメラマンは、日本軍の虐殺、残虐行為を撮影することは当然回避した。それにしても、中国兵、中国人の残虐写真は掲載可というのは、なんとも策略的である。『不許可写真1』には、陸軍省の検閲をパスするつもりで、提出した写真でも「掲載不許可」の処分を受けた南京戦の写真が何枚か掲載されている。「南京市内掃蕩隊が敗残兵を獲物に引き揚げた　一二月一三日」という手書きメモの付された、数名の中国兵を後ろ手に縛って銃剣をつきつけて連行する場面の写真は、「不許可」とされ、ネガまで没収された（一四四頁）。

「我軍に不利なる記事写真」の掲載は不許可となれば、掲載できるのは「我軍に有利なる記事写真」となる。小林よしのり『戦争論』に「ニセ写真」に代わり「出所のはっきりしている南京写真」として掲載している「平和甦る南京皇軍を迎えて歓喜沸く」とい

う写真こそ「我軍に有利なるヤラセ写真」の類である。

南京安全区国際委員のマッカラムは、そうした「ヤラセ写真」の撮影場面をこう日記に書き留めている。

> 一九三八年一月九日——難民キャンプの入口に新聞記者が数名やって来て、ケーキ、りんごを配り、わずかな硬貨を難民に手渡して、この場面を映画撮影していた。こうしている間にも、かなりの数の兵士が裏の塀をよじ登り、構内に侵入して一〇名ほどの婦人を強姦したが、こちらの写真は一枚も撮らなかった（前掲『南京事件資料集(1)』二六六頁）。

こうした「ヤラセ写真」こそ日本側のプロパガンダ写真の典型であるのに、「プロパガンダ写真研究会」は、まったく調査も批判もするつもりはないらしい。

私が誤用したのは『アサヒグラフ』（一九三七年一一月一〇日号）に掲載された「硝煙下の桃源郷——江南の『日の丸部落』」と題する朝日新聞記者が撮影した四枚の写真の一枚である。上海郊外の宝山県の盛橋（同誌では盛家橋とされている）は、「わが軍の庇護によって平和に甦った」部落で、日本軍部隊長が村長格におさまって、「村民から先生々々と慕われている」「食べるものがなくなれば、皇軍の残飯が給され」「働けば働くだけ賃金を貰い」「昼夜を分かたぬ庇護を加えられて……部落民の喜しそうな顔を見るがよい」というキャプションが付されている。私が誤用したのは「我が兵士に護られて野良仕事よりかえる日の丸部落の女子供の群」というキャプションがついた写真だった。「日の丸部落」の写真は、一九三七年一〇月一四日撮影と記されている。その時の宝山県における上海戦の状況は、上海派遣軍参謀長・飯沼守少将の日記（偕行社『南京戦史資料集』一九八九年、所収）に詳細に記録されている。宝山県は日本軍の上陸地点にあたり、これを阻止するために、中国軍は精鋭部隊を投入して、日本軍と激戦を展開したことは『八一三淞滬抗戦』（中国文史出版社、一九八七年）にも詳しい（一八六－一八八頁）。

当時、宝山県の盛橋付近で作戦を展開していたのは第一一師団の部隊であったが、同部隊は、宝山県の西県境にそって大楊―広福―羅店に構築された中国軍陣地で激戦を展開していた。第一一師団の将兵の約三分の一が死傷するという大きな損害も被っていた。上海派遣軍の指揮官たちは、上海戦がすでに三か月を経過したにもかかわらず、死傷者が増大するばかりで、征圧できないことに焦燥感をつのらせていた。しかも、上海派遣軍にとっては必ずしも名誉でない、第一〇軍の杭州湾上陸作戦がすでに検討されていたのである。一日も早く中国の陣地線を撃破するための作戦に集中していた第一一師団の部隊には、「日の丸部落」を長期的「庇護」する条件などなかったのである。

当時、盛橋の農民たちが、「桃源郷」どころか日本軍の殺戮、破壊、婦女凌辱、放火などの恐怖にさらされていた事実は、李秉新・徐俊元・石玉新主編『侵華日軍暴行総録』（河北人民出版社、一九九五年）に詳しい。日本軍は激戦地、日本軍の被害が多大だった地域では、報復として住民への虐殺、暴行を激化させるのが通例だった。同書の「上海市における日本軍の暴行」の章に「日本軍の宝山県における暴行」の節があり、宝山県もその例外でなかったことが記録されている。日本軍の侵攻、占領にともない、盛橋でも一五歳の少女が焼殺され、家族三人が泥沼に隠れていたのを日本軍に発見され、生き埋めにされている。盛橋周辺の村々では、数百から千人単位の村民が殺害されている（七四八－七五一頁）。本多勝一氏も盛橋の隣の羅涇を訪れ、住民二二四四人が日本軍に殺害されたことを聞き取っている（本多勝一『南京への道』朝日文庫、一九八九年、四六頁）。

周辺の村々とともに、日本軍の虐殺にさらされた盛橋の村民が、日本軍の危害を避けるため、「恭順」「歓迎」のポーズを取らされて、「ヤラセ写真」に収まったかもしれないが、「桃源郷」などではなかったことは、以上のことからも明瞭である。

秦郁彦氏をはじめとして、否定派の人たちが、上記の「ヤラセ写真」を無条件に信じて、私が正反対のキャプションを「捏造」したとまで非難、攻撃するのは誤っている。

――南京虐殺を撮影した日本兵

南京戦を取材した日本の報道カメラマンが軍部の厳格な検閲制度に従順にしたがって、

自己規制的に南京事件の場面や現場を撮影しなかったなかで、日本軍の大虐殺の一端をカメラに収めていた一兵士がいた。兵站自動車第一七中隊の非公式の写真班を務めていた村瀬守保氏で、彼は自分の中隊の各将兵の写真を撮り、それを自分で現像、焼付けして各将兵の家族に送らせていた。戦闘部隊ではなく、輸送部隊であったため、戦火の直後をまわって、比較的自由に撮影でき、かつ軍部の検閲を受けないでネガを保持できる恵まれた立場にいた。『村瀬守保写真集　一兵士が写した戦場の記録——私の従軍中国戦線』(日本機関紙出版センター、一九八七年)には、村瀬氏がキャプションをつけた南京での集団虐殺現場の生々しい写真が何枚か収録されている。これらの写真は、集団虐殺の現場から奇跡的に死を免れて逃げ帰った中国人の証言にある、射殺・銃殺、再度生存者を点検して刺殺したあと、最後は薪と石油で焼殺、焼却するという集団大量虐殺の手段が事実であることを証明するものである。その中に「虐殺されたのち薪を積んで、油をかけられて焼かれた死体。ほとんどが平服の民間人でした」というキャプションの写真が三枚ある(四六‐四七頁)。冒頭に引用した小林よしのり『戦争論』で「厳密な資料批判に耐え『これが日本軍による民間人大量虐殺の証拠』といえる写真はまだ一枚も出てきていない」と、氏としては珍しく逃げ道を用意した慎重な言い方をしているが、それもウソであることを村瀬氏の写真は証明している。

——日本軍の目を避けて南京虐殺を撮影した宣教師たち

日本軍に攻撃され、占領され、殺戮・虐殺された中国側、難民状態で辛うじて生き残った南京城内の中国人の側には、日本軍の虐殺、残虐行為を写真撮影できる条件はまったく存在しなかった。

日本軍占領直後の南京に一二月一五日まで留まって取材していた『シカゴ・デイリーニューズ』のスティール記者もカメラをもっていた。彼は南京を去る時、日本軍が長江岸で約三〇〇人の中国人の集団から五〇人ずつを引き出しては機関銃で銃殺している場面を目撃している。しかし、望遠レンズのない時代ゆえ、日本軍に発見されるのを恐れてカメラ撮影はできなかった。スティール記者に私がインタビューしたさいに、彼が南京の日本軍を撮影した写真を拝借して、『南京事件資料集(1)』(青木書店、一九九二年)に掲載したが、日本軍に気づかれないように、背後からあるいは遠くからそっと撮った写真がほとんどである。銃をもって殺戮中の異常な興奮状態にある日本軍将兵の前でシャッターを切ることは、危険きわまりないことであったし、無事にすんでも発見されればとがめられ、カメラを没収されるのは目に見えていた。

南京事件の期間、ずっと南京にとどまった南京安全区国際委員の中で、ジョン・G・

マギー牧師は一六ミリフィルムのカメラをもち、アーネスト・H・フォースター牧師はカメラをもっていた。彼らは日本軍の目を避けながら虐殺死体群、一家惨殺跡、池中の虐殺死体、鼓楼病院に運ばれてきた強姦、殺傷、暴行などの被害者、掠奪、破壊、放火されて廃墟と化した街、等々の多くの写真を撮影していた。マギー牧師のフィルムはおそらく虐殺現場（殺害場面の撮影は不可能であり、虐殺された死体が放置された現場）や犠牲者の姿を撮影した唯一のものと思われる。マギー牧師の記録フィルムは、同フィルムを中心に「MBSナウスペシャル・フィルムは見ていた――検証南京大虐殺」（一九九一年一〇月六日放映）が制作され、ナンシー・トン制作『天皇の名のもとに――南京大虐殺の真実』（ビデオ）に収録されている。また拙稿「世界に知られていた南京大虐殺」（『アジアの中の日本軍』大月書店、一九九四年）では、オリジナルにあたるフィルム「侵略された中国」（無声）のキャプションの紹介と、同フィルムが奇跡的に世に出た経緯を説明した。

さきの日本陸軍検閲要領の「映画は本要領に準じ検閲する」を考えれば、日本の映画カメラマンが虐殺現場を撮影する可能性はゼロに近かった。それでも一九三八年に東宝文化映画部が制作した『南京』という記録映画（ビデオが「戦記映画復刻シリーズ21」として日本クラウン社から発売）は、「我軍に不利なる」場面の撮影は当然避けられているが、南京占領直後の南京城内の掠奪、破壊、放火された街のようす、疲弊し無気力な表情の難民など、隠しようのない南京事件の舞台跡が撮影されており、見る者が見れば、南京事件を物語る映像記録の一つになっている。この映画を見れば、「平和甦る南京──皇軍を迎えて歓喜沸く」(『東京朝日新聞』一九三七年一二月二〇日)や「南京・今ぞ明けた〝平和の朝〟 建設の首都を飾り 光と水のお年玉 万歳・電灯と水道蘇る」(同前、一九三八年一月三日)という新聞報道のウソが分かる。

南京安全区国際委員たちが南京事件の一端を撮影した写真の多くは、イェール大学神学図書館に所蔵されていて、拙著『南京難民区の百日──虐殺を見た外国人』(岩波書店、一九九五年)でも何枚か紹介した。ラーベ日記にも国際委員たちが撮影した多くの写真が収録され、中国語版にはそのまま掲載されているが、日本語版『南京の真実』(講談社、一九九七年)では残念ながら相当枚数が省略されている。ラーベがヒトラーに宛てた報告書(本書五〇頁参照)の付属文書(ドイツ語)には、安全区国際委員(主にマギー牧師)が撮影した南京事件関係の写真八〇枚がそれぞれにラーベの丁寧な解説をつけて収録されている。撮影者と出所と写真現場が特定できる貴重な南京事件写真資料である。ラーベ日記と付属文書のすべてが原文資料そのままに正確に翻訳出版されるのを期待する。

管見の限りでは、湯美如主編・章開沅編訳『南京──一九三七年一一月至一九三八年五月』(三聯書店〈香港〉、一九九五年)にアメリカ人宣教師たちが撮影した南京安全区関係の写真が比較的多く掲載されている。

――「ニセ写真」攻撃のトリック

撮影者と場所と出所が特定できる正確な南京事件の写真資料は、以上述べたものが主要なものである。日中戦争において日本軍が引き起こした多くの侵略、残虐事件の中で、これだけフィルムと写真の資料が残されたのは、むしろまれな例であるといえる。それは、量的にも規模的にもはるかに被害が膨大であった「三光作戦」の現場写真がいかに少ないかを想起すれば、容易に理解できよう（「三光作戦」こそナチス・ドイツのホロコーストに相当することを拙著『南京事件と三光作戦』大月書店、一九九九年、に詳述したので参照されたい）。日本軍当局は、侵略、残虐事件の写真、フィルムを厳格周到に取締って撮影させず、たとえ撮影したものがあれば、兵士個人の日記、郵便物、持ち物まで含めて厳密に検査、検閲したのである。いっぽう、被害者の中国人側には、戦火、戦場において、日本軍の残虐行為を撮影、記録できる条件は皆無に等しかった。

アイリス・チャンの本も含めて、世に出ている南京大虐殺写真には、厳密な意味で南京虐殺の現場の写真でないものも多い。ただし、それらの多くは南京事件の最中に撮影された現場写真と特定できないだけで、首切りの瞬間や、中国人の刺殺場面、強姦被害の女性、中国人の虐殺死体等々の写真が語る日本軍の残虐行為そのものは事実である場合が多い。否定派の攻撃する「ニセ写真」とは意味が違う。南京事件とは違う場所と時期の写真を南京大虐殺の写真であると「誤用」したのであり、他の場所で日本軍の行なった残虐行為の写真資料としての価値はあるのである。「ニセ写真」とは、被写体が現実とはまったく違い「ヤラセ」「合成」「創作」などの詐欺的手段を使って撮影された事実でない写真のことである。

中国側の発行する南京大虐殺写真集に掲載されている南京事件と特定できない日本軍の残虐写真には、日本兵が南京の写真屋に現像・焼き増しを頼んだものが中国人側にわたり、戦後の南京軍事法廷で証拠資料として提出されたものもある（洞富雄ほか編『南京大虐殺の現場へ』朝日新聞社、一九八八年、所収の「呉旋さんの証言」）。『侵華日軍南京大屠殺暴行照片集』（南京大屠殺史料編輯委員会発行、一九八五年）の発行を準備していた南京市檔案館の関係者から私が直接聞いた話では、南京戦参加の日本軍捕虜や戦死者の所持品の中にあった写真が中国側にわたり、南京の日本兵が撮影、所持していた残虐写真という経緯で写真集に収録されたものもあった。

John B. Powell, *My Twenty-five Years in China*, The Macmillan Company, 1945. には、パウエル氏が、南京のアメリカ人宣教師が送ってきた南京事件の写真を上海で見たとき、同じような日本軍の残虐行為の写真や強姦記念に被害女性を入れて撮った写真などを、上海の朝鮮人経営の写真屋で見たことが書れている。パウエル氏は、それらの残虐写真は日本兵が国内の友人に送ろうしたものだと推定、その写真に写された行為が「近代戦のモラルからも、日常生活のモラルからも逸脱するものであるという意識はないようである」と嘆息している（三〇八頁）。

麻生徹男『上海より上海へ――兵站病院の産婦人科医』（石風社、一九九三年）にも、南京陥落後の上海で、戦場から帰ってきた日本軍の兵士たちが「戦線で写した残酷場面」や「正視に耐えない残酷な」写真のフィルムをカメラ店に持ち込み、現像・プリントを依頼していたことが記されている（六八、七四頁）。

中国戦場に出征していく時、少なからぬ日本兵が「中国に行けば中国人女性を強姦できる」のを楽しみにしていたという元兵士の話を聞いたことがある。パウエル氏が見たのは、日本兵が中国人女性の強姦体験を、戦場でなければできない自慢話の証拠に撮らせていた写真の一つであろう（当時の日本兵の性意識について拙著『南京事件と三光作戦』の「第三章　なぜ日本軍は性犯罪にはしったか――加害者の証言」を参照されたい）。さらに日本軍将校の中には、中国戦場における武勇談の一つとして、中国人捕虜を日本刀で斬首するところを記念撮影させていた者もいた。日本兵が所持していた日本軍撮影の残虐写真が、さまざまな経緯を経て中国側に残され、戦後の中国において各地の革命博物館や抗日烈士記念館に展示されたり、写真集に収録されたものが多く、それらの写真には場所や時期、撮影者を特定できないものが多い。しかしそれらは「ニセ写真」ではない。間違いなく日本軍の残虐を記録した写真なのである。山東省の革命博物館の写真展示にある、中国人を斬首している将校が誰か、部隊関係者が見てすぐ分ったという話を聞いている。

小林よしのり氏が「南京大虐殺はニセ写真の宝庫」というのはウソである。「ニセ写真」ではなく、南京事件そのものと特定できない写真や他の場所の写真が使われているものがある、ということである。南京の侵華日軍南京大屠殺遇難同胞紀念館にも開館当初は、南京事件と特定できない写真や明らかに他の事件の写真も展示されていた。誤用写真については、私たちも紀念館に注意をしてきたが、最近では展示されたすべての写真に出典を明記、誤用写真はほとんど差し替えられている。大切なのは否定派のようにエキセントリックな「ニセ写真」攻撃に狂奔するのではなく、正確な写真資料を展示していくよう批判し、働きかけていくことである。

否定派の南京大虐殺「ニセ写真」攻撃のトリックは、あたかも「ニセ写真」をもとにして南京事件像が形成されているかのごとく錯覚させて、南京大虐殺も「ニセ」であると思わせるところにある。しかし、南京大虐殺論争で否定派が敗退したのは膨大な文献資料、証言資料が発掘、収集された結果であり、南京大虐殺の歴史事実は写真資料がなくても証明できるのである。否定派が南京事件の何枚かの写真誤用を「ニセ写真」呼ばわりして声高に攻撃しても「敗者復活」の夢なぞ望むべくもない。

第13章

第13のウソ

『南京大虐殺派』は洗脳された自虐的な左翼だ

「自由主義史観」と名乗りながら
本質は自由主義とは無縁の超国家主義的な団体が
一部のマス・メディアを動員して「虐殺はなかった」と声を高めている。
日本人が日本の戦争責任をまじめに考えようとするのが
なぜ「自虐」などといえるのか。メディアへの登場頻度が高いため、
彼らの視点が今までになかった新しいものとして影響力を強めている。
だが、これまでの「南京大虐殺論争」の歴史をふりかえってみれば、
彼らの主張は実は使い古しのもので、学問的にはとっくの昔に
破綻したものであることが見えてくるのである。

13.

歴史修正主義の南京大虐殺否定論は右翼の言い分そのものだ

――日中国交回復と「まぼろし」論の台頭

藤原 彰

南京大虐殺否定派は、大虐殺の存在を認める人にたいし、「自虐史観」「反日史観」というレッテルを貼り、中国に洗脳された左翼だ、東京裁判史観に毒された売国学者だと、口をきわめて罵倒する。だがこれは、日の丸を掲げ、戦闘服に身を包んで、街宣車で大音響を撒き散らしている右翼の言い分そのものだ。南京大虐殺があったか、なかったか、などということは、学問的に、歴史的に、すでに結着のついている問題である。これを今さら蒸しかえして大虐殺を否定するのは、政治的意図をもったプロパガンダでしかないのである。

「論争」というに値いするかどうかは別にして、いわゆる「南京大虐殺論争」は、大虐殺否定派が破綻したことによって、もう終わっているはずなのである。その簡単な経過は次の通りである。

一九三七年一二月の南京占領にさいして日本軍が起こした大残虐事件について、日本国民の多くが知らされたのは戦後の東京裁判においてであった。一九四八年一一月の東京裁判の判決では、「日本軍が占領してから最初の六週間に、南京とその周辺で殺害された一般人と捕虜の総数は、二十万以上であった」として、最高司令官であった松井石根に死刑を宣告した。一九五一年九月サンフランシスコで締結された対日講和条約の第一一条は、「日本国は東京裁判並びに他の戦犯裁判の判決を受諾する」というものであった。日本政府は講和にさいし、南京大虐殺の存在を公式に承認したのである。

ところが日本では、同じ敗戦国のドイツとは違って、戦争責任の追及がきわめて不十分で、講和発効後に戦争中の指導者が続々と政界に復帰してきた。A級戦犯容疑者が首相になったほどなのである。戦争指導者が復活すると、戦争の評価そのものを逆転させようとする動きがさかんになり、右翼や軍国主義者が勢力を増すようになってきた。そして戦争を批判的に記述している歴史教科書への攻撃が行なわれるようになった。天皇や戦争の記述について、文部省の教科書検定がきびしく行なわれ、戦争を侵略だと書いたり、南京大虐殺を記述したりすると修正を要求されたりするようになった。こうした検定に抗議した家永教科書訴訟が開始されたのが、一九六五年のことである。この六〇年代には、戦争を肯定美化する立場と、侵略戦争を批判する立場との論争があったが、個別の事実についての研究がそれほど進んでいたわけではなかった。南京大虐殺については、洞富雄『近代戦史の謎』（人物往来社、一九六七年）が、唯一の歴史研究であった。この本は東京裁判の記録と欧米側の史料とを利用して、南京大虐殺の全貌を明らかにしたもので、一九七二年に『南京事件』として増補再刊されている。

南京大虐殺について、日本国内で肯定論、否定論の論争が展開されるきっかけは、一九七二年の日中国交回復であった。国交回復を前にした七一年、朝日新聞の本多勝一記者は、中国における戦争の遺蹟を巡り、平頂山事件から南京大虐殺にいたる日本軍の残虐行為の被害者の証言をまとめて、『中国の旅』を朝日新聞本紙に連載し、七二年にはこれを単行本として刊行した。これは南京の生々しい残虐行為の具体的な内容を、はじめて広汎な読者に知らせることになり、大きな反響を呼んだ。

これにたいして、日本の戦争を美化し、日中国交回復に反対するグループは、南京大虐殺などはなかった、まぼろしだという反撃をはじめた。アウシュヴィッツが、ナチス・ドイツの戦争犯罪の象徴であるように、南京大虐殺が日本軍の戦争犯罪を象徴する事件だったからである。『文藝春秋』『諸君！』などの雑誌がその舞台となり、その代表作は鈴木明『「南京大虐殺」のまぼろし』（文藝春秋、一九七三年）、山本七平『私の中の日本軍』(文藝春秋、一九七五年)としてまとめられている。これらの反論の特徴は、大虐殺論の中のある部分を取り出して、その欠点を衝くという議論をしているのであって、全体像を否定しているのではない。しかし「百人斬り」競争は新聞記者の創作だという論証をすることで、あたかも南京大虐殺全体が「まぼろし」だと思わせるような表題をつけるというやり方で、大虐殺はデマだ、まぼろしだと非難していたのである。

こうした攻撃にたいし、洞富雄『「まぼろし」化工作批判——南京大虐殺』(現代史出版会、一九七五年)、本多勝一『中国の日本軍』(創樹社、一九七二年)など具体的な証言や史料を積み上げての反論が行なわれ、また洞富雄編『日中戦争史資料　南京事件Ⅰ・Ⅱ』(河出書房新社、一九七三年)が、東京裁判の速記録や英米人の記録をまとめて刊行された。この本は『日中戦争　南京大残虐事件資料集(1)・(2)』(青木書店、一九八五年)として復刊されている。これらは大虐殺の存在を実証的に明らかにするもので、否定論とは全然次元が違うものであった。つまりこれは論争というようなものではなく、一方は証拠によって大虐殺の存在を証明しているのに、他方はそうした証拠に目もくれずに、まぼろしだ、デマだと叫んでいたのである。だが否定論は大出版社の本として刊行され、部数が多いので、まぼろし説は有力だと世間に思わせる効果はあった。文部省の教科書検定では、南京大虐殺については、肯定、否定の両説があって、歴史的事実として確定していないから、教科書に載せるのは時期尚早だと、削除を命ずる理由にされた。

――教科書問題の国際化と否定論の再登場

この論争の次の転機となったのは、一九八二年の教科書問題の国際化であった。この年の日本の教科書検定で、南京大虐殺や三一独立運動の記述を修正させたことが伝えられると、歴史の改竄《かいざん》だとして中国や韓国から烈しい抗議を受けた。これにたいし時の鈴木善幸内閣は、八月二六日に宮沢喜一官房長官談話として政府見解を発表し、外交的結着をはかった。その内容は、一九七二年の日中共同声明や一九六五年の日韓共同コミュニケでうたった過去への反省を再確認し、不適切な教科書の記述は政府の責任において是正するというものであった。

これはいわば、日本の侵略と南京大虐殺を認めている日本政府の方針を再確認したものであった。しかしこの政府の対応は、右翼や自民党タカ派の、内政干渉への屈服だという反発を受けることになった。その中で南京大虐殺否定論が再登場したのである。その舞台は『文藝春秋』『諸君！』のほかに『産経新聞』『正論』などが加わった。『文藝春秋』が参戦者の証言として旧軍人の座談会を載せたり、松井大将の秘書だった田中正明氏の『"南京虐殺"の虚構』（日本教文社、一九八四年）が出版されたりして、南京大虐殺など存在しないという議論が、また繰り返されることになった。

こうした否定派の活発な動きに対抗して、従来からこの問題にかかわってきた洞、本多の両人らを含めた日本現代史、中国現代史の研究者、ジャーナリストなどが集まって、一九八四年三月に南京事件調査研究会を発足させた。そして毎月の例会を続けるとともに、同年中に南京に現地調査に赴き、史料の発掘、研究の進歩につとめた。その上で会員個人でも、会としての共同研究でも、別掲の参考文献に示すような研究成果を次々に刊行し、事実の解明につとめた。

この肯定と否定との対立は、実はすぐに否定派が破綻することで、結着したのである。否定論の代表者田中正明氏は『松井石根大将の陣中日誌』（芙蓉書房、一九八五年）を編集刊行したが、大虐殺を否定するために全文中の三〇〇か所も、原文を改竄していたことが暴露された。また旧正規陸軍将校の団体である偕行社は、月刊の機関誌『偕行』に、一九八四年四月号から八五年二月号まで、「証言による〝南京戦史〟」を連載した。これは会員の南京戦参戦者の証言を集め、事実をもって大虐殺という冤《えん》を晴らそうという企画として始められたのである。ところが証言が集まってくると、事実無根というのもあるが、企画者の期待に反して、たしかに虐殺はあった、何千人という捕虜を命令で殺したなどという証言も次々に寄せられた。『偕行』編集部は、事実を明らかにするという立場で、否定だけでなく肯定の証言をもあえて掲載するという立場をとった。そして連載の最後に、編集部の責任（加登川幸太郎執筆）で、「その総括的観察」という文章を載せた。そこでは、遺憾ながら日本軍はシロではなくクロであった、不法殺害の犠牲者は三〇〇〇から一万三〇〇〇という説があるけれど、たとえ三〇〇〇でも途方もない数である、として「旧日本軍の縁につながる者として、中国人民に深く詫びるしかない。まことに相すまぬ、むごいことであった」と謝罪した。『偕行』編集部がこのような態度をとったことで、全面否定論は完全に崩壊したのである。

偕行社はその後、会としての南京戦史編纂事業をすすめ、一九八九年に『南京戦史』『南京戦史資料集』、一九九三年に『南京戦史資料集II』を刊行した。戦史の方の姿勢は、連載の結論よりは後退しているが、捕虜の処断一万六〇〇〇、市民の被害一万五〇〇〇余の数字を挙げている。資料集の方は、加害者側の史料として、もっともまとまったものとなっている。また軍事史家の秦郁彦氏の『南京事件』(中公新書、一九八六年)は虐殺の存在を認め、その数は三万八〇〇〇ないし四万二〇〇〇人だとしている。偕行社も秦氏も、中国の三〇万大虐殺説に反対し、少数説を主張しているのだが、たとえ一万でも四万でも、大虐殺が存在したことは、否定していない。つまりこの段階で、南京大虐殺などデマだ、デッチ上げだという完全否定論は、破綻していたのである。

さらに否定論に追い討ちをかけることになったのは、家永教科書裁判の判決であった。一九六五年に第一次訴訟が提起された家永教科書裁判は、歴史の真実を歪める教科書検定を違憲違法だとするたたかいであった。とくに第三次訴訟は、具体的な戦争の記述についての争いであった。一九九三年一〇月二〇日の第三次訴訟についての東京高裁の判決は、南京大虐殺の存在と、そのさいにおける強姦の多出を認め、その削除を要求した検定を違法とした。九七年八月二九日の最高裁判決も、この高裁判決を支持し、南京大虐殺と強姦を最終的に認めたのである。この家永裁判の結果を反映して、教科書の記述にも南京大虐殺の事実が載るようになっており、この限りでは否定論は敗北していると言えるようになっている。

――否定論が繰り返される危険な背景

ところが一九九〇年代後半になって、破綻したはずの否定論がまた叫ばれ出したのである。『仕組まれた〝南京大虐殺〟』『「南京大虐殺」はこうして作られた』『「南京虐殺」の徹底検証』などと題した本が次々に刊行され、『産経新聞』や『正論』では、とっくに破綻した否定論が、そのままの形でまた繰り返されている。これは歴史や学問の問題というよりは、きわめて政治的な意図に基づく右翼的軍国主義的なキャンペーンというべきであろう。

これらの最近の否定論の主張は、いずれもすでに破綻している議論の繰り返しにすぎないものばかりである。南京での虐殺など、当時の中国でもまた世界でも何も報道されていなかったとか、その頃の南京の人口は二〇万人で、皆殺しにしても三〇万人にはならないとか、捕虜や敗残兵を殺したのは戦闘行為で、国際法に違反していないなどという、すでに論破されている議論を蒸し返しているだけである。それぞれについての反論は、この本の各章で述べている通りである。こうした手垢にまみれた否定論が、性懲りもなくまた持ち出されてくる背景は何なのだろうか。

戦後五〇年を迎えた前後から、日本の政治大国化、軍事大国化をめざす動きが活発になってきた。すなわち日本はその経済力にふさわしい国際的地位、つまり国連安全保障理事会の常任理事国になるべきだ。そのためにはそれ相当の国際貢献、すなわち海外派兵を可能にしなければならない。それには憲法改正が必要である。また当面は実質的な安保改定である日米防衛協力の指針(ガイドライン)の見直しを実現させなければならない。こういったような国家目標を早急に達成しようとする動きである。そしてこの方向を先取りし、戦争美化、軍国主義賛美のイデオロギーをひろげようとしているのが、自由主義史観と名乗る歴史修正主義なのである。だからこの歴史修正主義の議論は、歴史の事実について論ずるのではなく、きわめて政治的なキャンペーンにすぎないものとなっている。日本の戦争は侵略ではなくアジア解放の聖戦だったとか、南京大虐殺はデッチ上げだとか、従軍慰安婦は公娼だったなどという主張は、事実としてはとうに結着のついていることを蒸し返しているだけで、学問的な論争とはとても言えないものである。

しかしウソでもデマでも、たびたび繰り返していればある程度の効果はある。まして大手の出版社から大宣伝で発行される雑誌や本を舞台にして展開されている戦争賛美論を、放置しておくわけにはいかない。この新しい修正主義の仮面をかぶった戦争美化論の本質を見極め、デマゴギーにだまされないようにしよう。

歴史の真実を歪める戦争美化論にとらわれているのは、これからの二一世紀に生きていこうとする日本にとっては、きわめて不幸なことである。たしかに戦後の日本はめざましい経済発展をとげたが、その経済力のわりには、アジアの中で信頼と尊敬をかち得ているとは言えないのが実情である。それは戦争の歴史の認識に大きな差があるからである。かつての戦争で日本の侵略の対象となったアジア各国の傷跡は大きく、それらの各国では被害をけっして忘れまいと歴史教育でもそのことを重視している。加害者の側が忘れたり、知らなかったりでは、けっして真の友好関係は生まれないのである。二一世紀のアジアと世界で、日本が真に愛され尊敬される国として生きていくためにも、過去の歴史を改竄してはならず、事実を正しく認識した上で対応しなければならない。この本は、そのための次代へのメッセージである。

[附表]

南京事件調査研究会の研究成果および
会員個人の主な事件関係著作一覧

南京事件調査研究会	『南京事件現地調査報告書』	一橋大学吉田研究室、一九八五年
洞　富雄編	『日中戦争　南京大残虐事件資料集』第一巻・第二巻	青木書店、一九八五年
藤原　彰	『南京大虐殺』	岩波書店、一九八五年
洞　富雄	『南京大虐殺の証明』	朝日新聞社、一九八六年
吉田　裕	『天皇の軍隊と南京事件』	青木書店、一九八六年
洞富雄・藤原彰・本多勝一編	『南京事件を考える』	大月書店、一九八七年
洞富雄・藤原彰・本多勝一編	『南京大虐殺の現場へ』	朝日新聞社、一九八八年
本多勝一	『南京への道』	朝日新聞社、一九八九年
本多勝一編	『裁かれた南京大虐殺』	晩聲社、一九八九年
洞富雄・藤原彰・本多勝一編	『南京大虐殺の研究』	晩聲社、一九九二年
南京事件調査研究会編訳	『南京事件資料集(1)アメリカ関係資料編・(2)中国関係資料編』	青木書店、一九九二年
笠原十九司	『アジアの中の日本軍――戦争責任と歴史学・歴史教育』	大月書店、一九九四年
笠原十九司	『南京難民区の百日』	岩波書店、一九九五年
小野賢二・藤原彰・本多勝一編	『南京大虐殺を記録した皇軍兵士たち』	大月書店、一九九六年
藤原　彰	『南京の日本軍』	大月書店、一九九七年
笠原十九司	『日中全面戦争と海軍――パナイ号事件の真相』	青木書店、一九九七年
本多勝一	『南京大虐殺』(本多勝一集23)	朝日新聞社、一九九七年
笠原十九司	『南京事件』	岩波書店、一九九七年
藤原　彰編	『南京事件をどうみるか』	青木書店、一九九八年
笠原十九司	『南京事件と三光作戦』	大月書店、一九九九年

本書は、一九九九年に小社より刊行された書籍を、

「KASHIWA CLASSICS」シリーズの一冊として新装復刊したものである。

執筆者（50音順）
井上久士（いのうえ・ひさし） 駿河台大学法学部教授
小野賢二（おの・けんじ） 化学労働者
笠原十九司（かさはら・とくし） 都留文科大学名誉教授
藤原　彰（ふじわら・あきら） 一橋大学名誉教授（故人）
本多勝一（ほんだ・かついち） ジャーナリスト
吉田　裕（よしだ・ゆたか） 一橋大学社会学部教授
渡辺春己（わたなべ・はるみ） 弁護士

KASHIWA CLASSICS
南京大虐殺《なんきんだいぎゃくさつ》否《ひ》定論《ていろん》13のウソ

1999年10月25日　第1刷発行
2012年　3月15日　新装版第1刷発行
2016年　6月15日　新装版第2刷発行

編者　南京事件調査研究会

発行者　富澤凡子
発行所　柏書房株式会社
東京都文京区本郷2-15-13（〒113-0033）
電話（03）3830-1891［営業］
（03）3830-1894［編集］

カバー・デザイン　秋山　伸
印刷・製本　株式会社デジタルパブリッシングサービス

ISBN978-4-7601-4094-7